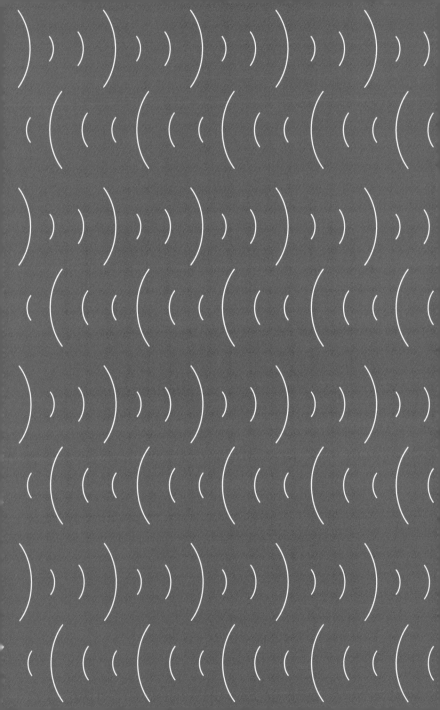

だから思考は現実化する

松本幸夫
matsumoto yukio

SOGO HOREI PUBLISHING CO., LTD

突然ですが、
みなさんはこんな経験ありませんか？

●傘を持って出かけると雨が降らない
●急いでいるときに限って赤信号
●わからない問題に限って先生に指名される
●変な服装のときに好きな人に会ってしまう
●自分が並んでいたレジだけ進まない
●布団を干したときに限って雨が降る

このような出来事は、
みなさんの強い思い込みによって結果が
引き寄せられている可能性が高いのです。
あなたが、
なってほしくないと思っていることが
現実に起きてしまっているのです。

実は、
人生は自分の思い描いた通りになります。

ただ、この法則に
ほとんどの方は気づいていません。

こういうことを言うと、
「胡散臭い」「怪しい」と
感じてしまう方もいると思いますが、
これは事実なのです。

この「引き寄せ」は心理学や脳科学、
最近では量子力学などでも

解明されています。

では、
悪い出来事ではなく、
良いことを引き寄せるには、
どうすればよいのでしょうか？

たとえば、

●旅行したいと思っていたら、

急に夫が旅行に連れていってくれた

●大きな商談が決まり、

臨時ボーナスで50万円もらえた

●宝くじで100万円あたった

●30年間彼女がいなかったのに、

彼女ができたら一カ月で結婚できた

●憧れている人の写真を見ていたら、

その人からデートに誘われた

●脳梗塞《のうこうそく》で麻痺していた右半身が急に治った

いかがでしょうか?

誰でもこんな奇跡が起きたらといいなあと思うはずです。

少しでもそう思ったら、本書をお読みください。

これから、本書で紹介していく、願望を引き寄せる方法は〝マーフィーの法則〟というものです。

〝マーフィーの法則〟は簡単に言えば、
良いことを願えば良いことが起き、
悪いことを願えば悪いことが起きる
というものです。

本書では、自分が願ったことを実現させる
〝マーフィーの法則〟について
誰でも使いこなせるように
解説していきます。

この〝マーフィーの法則〟を使って、
あなたの人生を
劇的に好転させていきましょう。

では、スタートしましょう。

はじめに

成功法則の先達《せんだつ》として知られる〝マーフィー〟こと、ジョセフ・マーフィーは、成功法則の分野では知らない人はいないくらいの巨人であり、現在、巷《ちまた》で提唱されている〝願望実現法〟の基礎を築いた人物です。

彼の教えの中心概念は、「誰でも、生き生きとイメージしたことは実現する」という非常にシンプルなものであり、そのシンプルさゆえ、時代を超え、国境の壁を超え、広まりました。

しかし、一方で、そのシンプルさの裏返しとして、マーフィー理論を正しく使うことができず、せっかくの魔法の杖《つえ》を間違って振ってしまう人が後を絶たなくなってしまったのも事実です。何を隠そう、実は、わたしもそのうちの一人です。

わたしは本を読んで、自分の欲しい物、なりたいもの、仕事の成功など、本で読んだマーフィーの教えに従って、生き生きと自分の願望をイメージしたつもりになっていたのですが、効果が思うように出ませんでした。

なぜ効果が出なかったのでしょうか？

その疑問を解決しようと、膨大なマーフィーに関する資料を読み、研究を重ねていくうちに、そこにはあるキーワードが存在することがわかりました。

そして、そのキーワードに従ってマーフィー理論を読み解いていくと、そこには願望実現のための、厳密ですがシンプルな法則が存在していることがわかったのです。

それは何かというと、簡単にいうと、それは「潜在意識へ刻印したことは実現する」ということです。

くわしくは、本書でこれから述べていきますが、この法則を理解できると、願望はおもしろいように実現していきます。

それは、仕事での成功、欲しい物を手に入れること、恋愛、趣味まで多岐にわたります。

結局、ほんの少し補足するだけで、マーフィー理論は恐ろしいまでの効果を発揮するということがわかったのです。


そこで、わたしは潜在意識への刻印の仕方を、一般の方にもわかるように体系づけてみることにしました。そして、誰にでも実行、実現可能な方法を確立することができました。

そういう意味で、本書は、いわばマーフィー理論の「正しい取り扱い説明書」といえるでしょう。


マーフィー理論を正しく使用することによって、あなたの願望が劇的に叶うことを確信しています。

本書を最後まで読んでいただければ、きっとマーフィーの法則を自分のものにできることでしょう。最後までよろしくお付き合いください。

はじめに

contents
目次

CHAPTER 1

マーフィーの正しい読み方

CHAPTER 2

「マーフィー理論」徹底解読

CHAPTER 3

マーフィー理論で願望を実現する

CHAPTER 4

マーフィー理論を使いこなす

CHAPTER

5

マーフィー、驚異のエピソード

ＤＴＰ：横内俊彦
ブックデザイン：木村勉
校正：髙橋宏昌

CHAPTER

1

マーフィーの正しい読み方

MURPHY'S LAW

マーフィーのゴールデンルール（黄金律）

「想いは実現する」

「願えば叶う」

「心の底から真実だと切望すれば、そうなる」

「人は思った通りの人間になる」

といった表現をされるマーフィーのゴールデンルール（黄金律）について、まずはしっかりと覚えておいてほしいと思います。


マーフィー理論と呼ばれるものには、キリスト教的なベースがあります。

ただ、それは一般の解釈とはやや異なり、「人生は自分の想い描いた通りになる」という信念を基盤にしています。

だから、聖書そのものすべてが、その信念に合うようにとらえられていくのです。

ここがマーフィーを理解する上での大きなポイントとなります。

いわゆるゴールデンルール（黄金律の内容が、人生にとってこの上なく有益な教訓のこと）についても、一般的にいわれていることと、マーフィーが述べていることとでは基本的な意味合いが違います。

一般的にいわれているゴールデンルール（黄金律）というのは、新約聖書の『マタイによる福音書《ふくいんしょ》』第7章12節の部分をいっています。

この一節は、一般的に「黄金律」として知られ、人々に対して他人との関係を築く際にどのように行動するべきかという重要な教えを示しています。

以下がその内容となります。

〝だから、何事でも人々にしてもらいたいと望むことは、あなたがたもまた、それと同じように人々にしなさい。これこそ律法と預言者である。〟

簡単にいうと「何事でも人からしてほしいと望むことは、人にもその通りにせよ」ということです。

「相手の立場に立つ」というようなコミュニケーションの基本も、考え方としては（特に欧米では）ゴールデンルールからきていることが多いのです。

マーフィーも牧師ですから、この一般的にいわれるゴールデンルールそのものは否定していません。ただ、さらに重視したのは新約聖書の一部である『マルコによる福音書』第11章24節です。それが以下の内容となります。

〝それゆえ、あなたがたが祈り願うことを、何事でも求めて受けるならば、それはあなたがたの父である天によって、与えられるであろう。〟

つまり「すでに叶えられたと信じなさい。そうすれば、その通りになるだろう」ということです。これがマーフィーの「ゴールデンルール」（黄金律）です。

それは、いいかえると「求めよ、さらば与えられん。叩けよ、さらば開かれん」ということにもなり、まず願うこと、信じること、強く想うことがあってこそ人生の道が開ける、ということになります。

マーフィー理論のベースにある、「人は想った通りになる」という信念は何も証明するものではありません。信じるかどうか、ということがポイントになります。

そのため、あえてマーフィーは、細かな心理学的裏付けや、フロイトやユングの潜在意識、顕在意識、集合的無意識ということを詳細に語らなかったのです。

もしも、理論的なものを加えるとしたら、フロイトやユングの理論に触れることになるのですが、これはどちらかというと日本人の読者向けに、訳者・研究者が強調したものです。それは日本人を納得させるためには欠かせないものであり、本書でも後述してみたいと思います。

「想えば十分」という誤り

わたしの処女作は『ツキを呼ぶ信念の魔術』というものです。

その中には潜在意識や信念ということを、しつこく書いています。そのベースとしてあったのは、さらに10年前に出会ったマーフィーの著作です。

ゴールデンルール、つまり、「想いは実現する」ということを、当時は願望実現という呼び方をしていました。

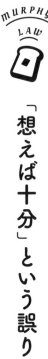

本書では、その活用法を具体的に述べてみたいと思います。

というのは、ただ単に「想いは実現する」というと、中にはマーフィーの教えを誤ってとらえる人がいるからです。

あるとき読者の方からのメールをいただき、そこには「なぜ願望が叶わないのでしょうか」という学生さんからの質問がありました。

「先生の本には、心の底から本当だと信じたことは必ず実現するとありました。わたしはお金が欲しいので、夜寝る前に、自宅のテレビの上に100万円があると信じました。ところが翌朝になっても実現しません。どうしてでしょう？」

とまじめに書かれていました。「想いは実現する」ばかり強調してしまうと、このような笑えない悲劇も出てしまいます。

マーフィー流の願望実現にも法則があり、「想い方」にもノウハウがあります。ただ「想った」だけでは実現しません。

これは後に、誤りやすいポイントとして取り上げていきます。

何しろマーフィーにはどこにも「命がけで行動しろ」「バリバリ活動しろ」という強烈なことは書いていません。

ですので、曲解して、「想えば、それで十分」という人も出てきてしまうのです。

MURPHY'S LAW

マーフィー流「目標実現の本質」

マーフィーのゴールデンルール（黄金律）をベースにすると、願望実現ということにおいて、一般的にビジネスで用いるようなものと、マーフィー流とでは大きな違いが出てきてしまいます。

それは、目標実現において、具体的な「計画」「方法」「手段」を細かく考えるかどうか、という点です。

ここがきちんと整理できていないとマーフィー流の「目標実現」は大きく誤解されてしまいます。先に述べた学生のように「ただ想えば十分」と曲解してしまう人も出てきてしまうのです。

もちろんビジネス上の「目標実現」では、手段を考えないということはあり得ません。期限を決めて、第2、第3案までも細かく「実現のための方法、手段をあらかじめ決めておく」ということになります。

つまり、目標を立てたら、計画があり、そのあとに実行していくことによって実現させていくというものです。

ところが、マーフィーの理論においては、一見、この「計画」「方法」「手段」がないようにみえます。いきなり実現が来てしまうからです。

しかし、本当の意味においては、この「計画」「方法」「手段」というのが「ない」のではなく、「任せて」しまうということなのです。

では、何に任せるかというと、それは、「宇宙」「神」「仏」と、何と呼んでも構いませんが、「小さな自分の力でない大いなる力」です。

マーフィー理論では、これを「潜在意識」といいます。

この「潜在意識」に、きちんと「任せ」ないと、願望は現実のものになりません。「潜在意識」にきちんと「任せる」ということを「潜在意識への刻印」という表現を使います。また、その方法としては、様々な「イメージ法」「瞑想」「祈り」というものがあります。

わたしは、一時期ヨガの修行をしていたことがあって、一般の人よりは「瞑想」や「祈り」についてトレーニングした経験があります。

そのため、マーフィーの言うようなゴールデンルールの「すでに叶えられたと信じる」ことは比較的容易にできました。

しかし、聖書片手に日曜日ごとに礼拝するような習慣がある人は、あまり日本人には多くないと思います。「祈り方」の技法、やり方を習熟していない人は多く、マーフィー理論を本で読んだだけの人には、「瞑想」や「祈り」のトレーニングが必要なのです。

「瞑想」「祈り」の技術を身につけ、願望を「潜在意識へ刻印」することができるようになると、潜在意識と現実との間に橋がかかります。

それが、「ひらめき」「インスピレーション」であり、これは「どうしたらいいのか」をわたしたちに教えてくれるものになります。

ひらめき、インスピレーションなしには、いきなり願望は実現しません。

誰と会ったらいいのか、どこへ行けばいいのか、何をしたらいいのか、願望を叶えるために必要な「行動」へと潜在意識が導いてくれて、はじめて願望は実現するのです。

これだけのことを前提として、願望実現できるのであって、普通の人が、ただ想っただけでいいと曲解《きょっかい》してしまうと、先述した「テレビの上に100万円あると信じた学生」のようになってしまうのです。

マーフィー本人は、願望実現する方法として簡単なイメージトレーニングのやり方を説きました。また、信じなさい、祈りなさいと説きました。

本書では、さらにマーフィーに代わり、具体的なトレーニング法、潜在意識の開発法についても触れていきたいと思います。

MURPHY'S LAW

「結果を先取りする」ということ

マーフィーは、その願望実現法において、「結果の先取り」ということを言っています。

たとえば、結婚を考えたなら、出会いの場を考え、そのあとはどこにデートに行こうか、プロポーズはどうしようか……と様々なプロセスをあらかじめ考えて、細かな作戦、計画を考えるのが普通です。しかし、マーフィーは次のようにいうのです。

「結婚を望むのなら、よけいなことを考えず、結婚指輪をしている自分の姿を生き生きと想像してから眠りなさい」（『マーフィー珠玉の名言集』産能大学出版部）

これが、「結果の先取り」ということです。**つまり、プロセスをあれこれと考えなくても、結果さえしっかりとイメージして潜在意識へバトンタッチすることができたなら、や**

がてそれは実現してしまうということなのです。

常に、やるべきことは、望みの「結果」「理想」をイメージでの中で先取りして「現実になった」と自然に思えるまで潜在意識に刻印していくのです。

例を挙げていきたいと思います。

マーフィーのラジオ番組を聴いたある営業マンが、マーフィーに直接会いに来て、「年収を5万ドルにするにはどうしたらいいか」と尋ねたことがあります。

マーフィーのアドバイスは、心の中に豊かなイメージ、富裕意識を抱くことが富に至る最重要の課題であるというものでした。

そこで、その営業マンは、毎朝時間を取って、「よくやった、お前は年収が5万ドルになる」という自分への宣言をくり返したのです。3カ月たつと、「年収5万ドル」という意識が営業マンに芽生えて、やがて昇進し、さらには歩合も増えて「年収5万ドル」が達成されたといいます。

つまり、年収がそこまでに至る前に、すでにその年収を得ているという、「結果の先取り」をするのです。やがて、それは現実化していきます。

ただし、「先取りする」というのは、ただ単純に想うだけではなくて、実感できるようにすることが大事なのです。

たとえばピアノが欲しいとしたら、「ピアノがここにある」とただ想うだけではなく、まずピアノが現実に部屋にあることをイメージして、さらにイメージの中の鍵盤《けんばん》に触れてその感触までイメージする必要があるのです。ピアノの存在に「絶対的な確信がもてるようになったなら、「自分のものである」と思い込むのです。

「あとはあなたの潜在意識に任せるのです。潜在意識は神的秩序をもって、あなたがピアノを得ることができるよう、取り計らってくれます」とマーフィーもいっています。

つまり、途中の方法、手段は考えずに、無限の力を持つ潜在意識にすべてを任せてしまえというわけです。

そして、

「あなたの潜在意識の無限の英知は人々の心に働きかけ、結局、それは思いもよらない方法で現実のものとなるでしょう」(『あなたも金持になれる』産能大学出版部)

「結果を先取りする」ことによって、なぜ願望は実現するのでしょうか。生き生きと結果を先取りすることによって、潜在意識はどのように働くのでしょうか。

MURPHY'S LAW

所有意識を先に持て

説明をわかりやすくするため、「願望」を「物の所有」ということにしぼって解説していきます。

物質的な富がある人は、富のあることを知っているために心そのもの、意識そのものが〝富裕〟な状態にあります。

現に100億円を持っている人は、「わたしには100億円ある」という心の状態にあります。しかし、持っていない人は、当然ながらその心の状態にないわけです。この「100億円」の部分を他の何かに置き換えて考えてみても同じです。

「別荘」「クルーザー」「外車」「邸宅」としてみても、持っている人とそうでない人の意識構造は大きく違ってきます。この違いを分析してみると、次の2点が考えられるでしょう。

それは、

①現実に所有しているかどうか
②所有していることを知っている（持っているという意識状態にある）かどうか

ということです。

そうすると、次のことがわかります。

本当に豊かな人　↓　所有と所有意識を持っている
豊かでない人　↓　所有もせず、所有意識もない

つまり、一般の人は、どちらか片方、つまり所有しているのに所有意識がないということはあり得ません。また、所有意識だけあって、所有していない人もいません。
そこで、マーフィー理論は、この人間の意識構造を利用するのです。

つまり、自分は豊かで、欲する物すべてを所有しているのだということを信じて、所有意識を先に持ってみるのです。すると、潜在意識のレベルでは実際に所有していることと同じことになり、状況がそのように整ってくるのです。

これは、一般のルートである、

「手に入った」→「自分は持っている」の流れの逆になり、

「自分は持っている」→「手に入る」ということになります。

よく、「豊かになるためには、豊かな心になることが何にも増して重要なことである」ということをいわれますが、これは所有意識を先に持つ→実際に所有できる、という論理と同じことなのです。

「まずは心の中で所有しなさい。やがて現実の所有がやってきます」（『マーフィー珠王の名言集』産能大学出版部）

マーフィーは、富裕意識を養うために、とてもユニークな方法を紹介しています。これは他に類がないもので、日々の実行によって必ずわたしたちの意識を変えてくれるものです。

それは、請求書を受け取ったときに用いる方法です。

人間は、現実にお金を請求されると、意識そのものは一瞬でも「お金」に集中するので意識に願望が刻印されやすい状況になります。

普通は「支払い」や「自分から出ていく」というようにとらえてしまいますが、そこをマーフィーは逆に考えろというのです。

1　請求書と同額のお金を受け取ったと思うこと

支払うというのではなくて、自分に入ってきたのだと信じるようにしましょう。はじめは難しくても、半ば暗示にかける感じで構いません。このお金は入ってくるのだ、もしくは入ってきたのだ、と思うことです。

2 そして、感謝する

お金が入ってきたときに、人は多くの場合、「ありがたいな」という意識があるはずです。少なくともお金が入って、「イヤだな」とはならないでしょう。

この「感謝の念」を、請求書を受け取ったときに心に抱くようにするのです。

「私はこの魔法のような公式を多くのビジネスマンに語ってきましたが、いずれの場合にも彼らはその利益にあずかって感謝しています」(『あなたも金持になれる』産能大学出版部)

CHAPTER 2

「マーフィー理論」徹底解読

マーフィー理論を解読する

マーフィーは様々な願望実現法を述べていますが、その基本は、第1章で述べた理論、「所有意識を先に持て（願望が実現したと確信する）」ということです。そうすると、あとは潜在意識が状況を整えてくれます。

所有意識を先に持つというと、何となくはイメージできると思いますが、実はそんなに簡単ではありません。コツがいります。

ここでの大きなポイントに、「いかに、リアルに所有意識を持つか（願望が実現したと確信するか）」ということがあります。

「そんなの簡単だよ」と思われる方、たとえばあなたは、そんなに簡単に、本心から100億円を持っていると信じることができるでしょうか？　実際問題、そんなに簡単に信じることなどできないでしょう。

実際に所有していないのに、「あたかも本当に所有しているかのような意識（願望が実現したと確信する）」を持つには様々なテクニックが必要とされます。

マーフィーはそのためのテクニックをたくさん述べていますが、それは、主に「潜在意識にバトンタッチする」「潜在意識に任せる」「潜在意識に刻印する」「祈る」などというように表現しています。

マーフィーの表現はかなり抽象的なので、理解ができなくても仕方ありません。

ここの章では、マーフィー理論をしっかりと読みとき、その具体的な実践の解説までしていきたいと思います。

マーフィーの法則は具体的な実践方法さえわかってしまえば、そんなに難しいことではありませんのでご安心ください。

MURPHY'S LAW

マーフィー理論を読みとく7つのキーワード

わたしはマーフィー理論の研究を進めるうちに、そこに7つのキーワードがあることを発見しました。それは次の7つです。それぞれ、くわしく解説していきましょう。

①集中
②祈り
③くり返し
④イメージ
⑤時間
⑥感情
⑦ことば

MURPHY'S LAW

キーワード① 集中

マーフィーの教えによって願望を叶えた人たちに共通しているのは、ただ〝ながら〟的に、いい加減に実現を想ったのではないということです。そこには、全員共通して「集中」した時間を取ったことが挙げられます。

集中というのは、ただ一念、そのことの実現を信じて、それだけにすべての考え、労力をささげるということです。

たとえ話をしていきましょう。

昔、山中で一人の武士がさまよっていたとします。道に迷ってしまったのです。しかも途中で刀を置いてきて背には弓と矢を負っているだけです。

すると、突然山中のしげみから大きなツキノワグマが現れました。武士は、とっさに刀で応戦しようとしましたが、手元に刀はありません。持っているのは弓と矢だけです。せまってくるクマに対して、1本の矢の狙いを定めて、クマの喉の部分に矢を放ちました。

見事にその矢はクマの喉に命中して、そのまま動かなくなりました。やった、と思った武士は、動かなくなった巨大なツキノワグマに近づいてみると、それはクマではなくて巨大な岩石でした。

「なんだ」、と思った武士は再び矢を射ってみたが、1本、2本、3本……。硬い岩石には矢が刺さるはずもありません。

これは、その武士の命がけの必死の集中が、矢を刺さるはずのない岩に突き立てたということです。

もちろん、これはたとえ話なのですが、それくらいに必死の集中力で、あなたは自分の願望の実現に心をこめているでしょうか？　集中して祈り、瞑想を行っているでしょうか？

〝偉人〟と称されるような人には、この種の異常といえるくらいの集中力を発揮する人が多いのです。

昔、夫妻でノーベル賞を受賞したキューリー夫人が読書をしていました。夫がふざけて、夫人の周囲に本を積み囲うようにしました。しかし、本を読むのに集中していた夫人は全然気がつきません。やがて夫は、身長に及ぶくらいの本の囲いで夫人を見えないようにしましたが、それでも夫人は、まだ気づかずに、読書をしたあとに我に返ったとき、どうして本に囲まれていたのかわからなかったといいます。

成功する人の驚異的な集中力を教えてくれるエピソードです。

もしも、あなたが心の底から実現したいと考えていることがあったなら、このキューリー夫人のような集中力で念じているか、確認してください。

ちなみに、日常で集中力を高めるための簡単な方法がありますので、いくつか紹介していきましょう。参考にして願望実現のための集中力を高めてください。

①身体のバランスを保つトレーニング

これは、たとえば平均台のような所を歩くことをイメージしてください。もしも集中力がないと、すぐに落ちてしまうでしょう。さらに、片足で立ってバランスを取ってみるとか、できる人は逆立ちをするとか、集中しないとできないことをくり返して行ってみましょう。

②熟考するような時間を持つトレーニング

たとえば、チェス、将棋、囲碁のような、次の一手を読み、相当に熟考するようなゲーム類は、集中力を高めるのに役立ってくれます。

あるいは、ビジネスなら、5年、10年先の展望を予測してみるとか、企画を立ててみるとか、あまり日頃は考えないような「頭を使う」時間を取ってみましょう。

この意味では、パズルやテレビゲームのようなことも、集中力を高めるのに一役買ってくれることがわかります。

③呼吸をコントロールするトレーニング

動物が獲物におそいかかるときに、ウーッとうなり声を上げます。これは戦いに集中するための呼吸をしているわけです。

わたしたちも、心の状態をコントロールするには呼吸法のトレーニングを毎日くり返すのは有効です。

たとえば、驚いたときには息をのむというように急速に吸う呼吸になります。そして、ゆっくり息を吐くようになるのです。このように、心の状態と呼吸は密接につながっています。

また、集中力を高めるには、昔からいわれる数息観《すそくかん》がお勧めです。これは、自分の呼吸をただ数えるという、いたってシンプルなことですが、これが行ってみるとなかなか続きません。「ひとおー」で吸い、「つー」で吐きます。もちろん、これをだまって頭の中で数えます。あくまで集中するのは呼吸です。

ふたあー（吸）つー（吐）、みーっっ（吸）つー（吐）、
とくり返していって、最後に
とー（吸）おー（吐）で終わります。
わたしたちは、禅《ぜん》のプロになるのではないから、この10まで呼吸に合わせて数えること
までできなくてもかまわないので、日に何回も行なってみてください。

ただ実際にやってみると途中で他のことを考えてしまい、はじめの頃はなかなか十まで
いかないものです。しかし、それが、集中力を高めるトレーニングになっているのです。

MURPHY'S LAW

キーワード② 祈り

祈りが、実はマーフィー哲学を本当に自分の〝血肉化〟できるかの鍵となります。

というのは、先述したような解釈の違いもありますが、マーフィー哲学のもともとのベースは「聖書」にあり、マーフィーの著書でも「原著」には、キリスト教的なものが数多く盛り込まれています。

ただ、キリスト教信者の多いアメリカ人なら、日曜学校で日常的に耳にする聖句《せいく》にしても、日々の生活の中に入り込んでいるような詩篇《しへん》にしても、多くの日本人にとっては全く無縁のものです。

つまり、そこでマーフィーの言わんとするところは、完全にはわたしたちには届いていないわけです。もちろん、〝潜在意識〟のパワーは、宗教を超えるものですが、各宗教にある「祈り」は、マーフィーの願望実現法においても欠かせません。そして、その多くは聖句や詩篇のような「ことば」で表されます。
ことばで考えをまとめるのである以上、ことばと共に祈りは行われます。

ことばに魂が宿るような「言霊」や、欧米では自分を力づける「ペップトーク」、あるいは自己宣言と訳される「アファメーション」にしても「ことば」である。ことばの重要性については、後の項目でもう一度まとめます。ここでは祈りは通常、ことばと共に行われると覚えておいてください。

あなたが心の底から叶えたいことがあったらどうするでしょう？　それは万国共通の「形」になるはずなのです。

体を反り返らせて、腕組みをする人は一人もいません。
手のひらを合わせるのか、指を組むかはそれぞれではありますが、基本的には胸の前で手を合わせます。また、反り返るのではなくて前かがみになったり、腰を落としたりして、何か偉大なものの前にひざまずくようなスタイルになるでしょう。「神様、お願いします」というような形となります。

実は、「願望実現のための祈り」というから、特別なものと思われるでしょうが、わたしたちも実は「祈り」を行なっている習慣があります。

それは、「初詣《はつもうで》」です。

毎年、正月に、その年をどう過ごしたいか、何を得たいか、わたしたちは神社やお寺に行き、手を合わせ、頭を垂れて祈っています。それが、実は「祈り」の基本形となります。それを毎日、意識してくり返すとよいでしょう。

ところが、普通は日々の仕事や勉強に忙しくなり、「祈り」については、あまり考えていません。これでは不十分です。次のキーワードのひとつ、「くり返し」によって、願望実現効果を高めていってください。

わたしは、マーフィーが説いた中で、日本人に合うのは「成功・富・繁栄・愛・平和・安定」というような、ポジティブで明るくなれるようなことばを、祈りの中でくり返すことであると思います。

おそらく、キリスト教的な素養のない人だと、マーフィーの説くような長い祈りの文句はピンときません。そのままでは潜在意識には入りにくいと思います。

そして、合掌すること、基本的には目を閉じること、姿勢を正すことといった「形」から入り、しっかりと祈り続けてください。偉大なものへの「お願い」というときの偉大なものとは、神と呼ぼうが仏と名付けようが、それは潜在意識の別名だというのがマーフィーのとらえ方です。

MURPHY'S LAW

キーワード③ くり返し

潜在意識に願望を「刻印」するには、その強さと祈りの回数が問題となります。

人生を変えるくらいの強い祈り、「念」というのは、一生の間にそう何度もあるわけではありません。たとえばリストラされて、一念発起し事業を起こそうとか、人生の伴侶は絶対にこの人しかいないと決心したり、こういった人生の節目において、人は強い願いを持ちます。

一般には、願望の強さがそこまでいかない平均的なことであれば、あとはその祈り、イメージ、潜在意識へ刻印していく回数が大事になります。

マーフィーの願望実現法で願いを叶えた人に共通しているのは、祈りの「回数」です。

早ければ数日、時間がかかる場合でも、差はありますが数週間から何カ月、その内容によっては何年もかかるというケースもあり、いずれの場合でも、祈りは「1回」ではなくて、日に何回か、ずっとくり返していくのです。

これはその人の「タイプ」によりますので、ひとつのことを集中して考え念じ続けていっても大丈夫な「執着型」ともいえる人は、短期間に回数を多く、というのがよいでしょう。

しかし、あまり「願望」そのものをずっと考え念じ続けるのはつらいという人は、日に時間を決めて、毎日「くり返す」ようにしましょう。そして、願望を潜在意識にくり返しインプットする時間以外は、ごく普通に生活していったらよいでしょう。

さて、30歳以上の方なら「やめられないとまらない」と聞くと、『かっぱえびせん』が半ば自動的に浮かんでくると思います。それはなぜでしょう。

心の底から食べたいという「強さ」ではないでしょうか。むしろ長期にわたって、くり返し、くり返しインプットされたために、心の底に刻印されてしまったのです。いわば刷り込み効果です。

「カステラ1番、電話は2番……」というようなフレーズの続きが自動的に出てきてしまうのも刷り込み効果、くり返し効果です。

この商品を、わたしたちの願望に置き換えて考えてみたらよいでしょう。

本当に叶えたい夢、願望を自分で作ったフレーズが自動的に出てくるくらいに、くり返しインプットし続けましょう。

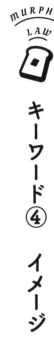

キーワード④　イメージ

実は、イメージが「願望実現法」の柱ともいえる重要な要件になります。たとえば、マーフィー本人も活用していたのが「イメージ」のパワーです。

くわしくは後述しますが、家を売りたかったときに、〝売家〟の立て札を引き抜いて、「もう用はない」とガレージに放り込むようなイメージや、大観衆の前で堂々とスピーチしている自分をイメージし、願望を実現しました。

これはたとえると「心のスクリーン」にあなたの想い通りの願望を描くということです。このスクリーンには、何を映し出そうともあなたの自由です。

運命が想い通りにいかない人は、このスクリーンに嫌な場面やストーリーを慢性的に、しかも無意識に想い描く傾向が強いです。しかし、マーフィーの成功法のことを全く知らなくても、自由に自分の想い通りのストーリーや状況を映し出して、それを現実化してしまう幸運な人もいます。

次に、イメージパワーをさらに活用していくための力になることをいくつか述べておきましょう。

1 打ち消す

肯定的で、プラスの明るいイメージが、明るい未来を築く、というのは、頭ではわかっていることです。プラスのイメージ内容は、やがて潜在意識に刻印され、それに見合った出来事が現実化していきます。

ところが、人によっては嫌なイメージを想い浮かべてしまうことがあります。一度マイナスイメージを想い浮かべてしまったら、どのように対処すればいいのでしょうか？

ここでは打ち消しのテクニックが効果を発揮します。マイナスイメージのあとに、すぐにそれを打ち消すだけのプラスの強いイメージをくり返して、マイナスイメージを「なかったことにする」のです。

心の中は、消しゴムのように、それを簡単には消せません。そこで、コップに入った汚れた水を、きれいな水を注ぐことによって浄化するように、プラスイメージでそのマイナスイメージを打ち消してしまうのです。

ことばを使うなら、「必ずよい結果になる」や「必ず実現する」と、マイナスイメージを想い浮かべてしまったすぐあとに、プラスイメージを強く持つことで悪いイメージを打ち消しておくことをお勧めします。

2 イメージのあとはスマイルで終える

私は、潜在意識へのインプットを効果的にするために「ISS」を行うことを説いています。それは、「IMAGE」→「SMILE」→「SLEEP」の頭文字を取ったものである。マーフィーの願望実現のイメージというのは、実現させるための「方法」をイメージするのではなくて、「結果の先取り」です。

仮に現金3億円を持つことを目標としたら、すでにその3億円を手にしている自分の姿を「イメージ」するのです。

そして、そのあとに好ましいのは、イメージがもしも実現したならどうなるの？　その雰囲気、感覚をまだ実現する前に味わってしまうのです。多くの人は、夢が叶ったらにっこり「スマイル」＝笑顔になるはずです。

仮に宝くじがあたったら、何も言わなくても周囲には良いことがあったのがわかってしまうでしょう。つまり、心の状態は「顔に書いてある」というように、表情に最も出やすいのです。

そこで、それも先取りです。イメージしたあとで「よし、現実となった」と思い、笑顔「スマイル」を先にしてしまうのです。

すると、それに伴ってさわやかで、うれしい感情にもなってくるものです。これは、「モーション（行動）がエモーション（感情）を生む」という心のメカニズからきています。

また、マーフィーによれば、この感情の伴ったイメージは必ず実現するのです。

そして、時間としては、夜眠る前が潜在意識に入りやすいので、「スリープ」が３つ目のキーワードとして挙げられるでしょう。

3　慣れたら動きがあるイメージすること

五感を取り込んだイメージは、「現実感」が味わいやすいために、実現までのスピードは早くなると考えられます。

理想はそのままの場所、状況をあらかじめ体験することです。その中でイメージするとやりやすいでしょう。

たとえば、入試や社内試験であったら、事前に会場に行ってその場所で、自分が能力を十分に発揮していることをイメージするのです。

結婚式をハワイで挙げたいなら、事前にハワイの教会へ行ってみて、その場所で理想とする相手と式を挙げている様子をイメージしてみましょう。

そのときは、湿度、風当たりから、香り、手触り、周囲の音に至るまで五感をフル活用し、「この場所で結婚式を挙げているんだ」と実感しながらのイメージとなるので効果は高くなるでしょう。

あるいは、補助的に写真やカタログを眺めながらだと、イメージを浮かべにくい人にとっては福音となるでしょう。

さらにあまり説かれることはありませんが、より「リアル」にイメージを味わうためには、「静止ではなく動き」を出すことがよいでしょう。たとえば、合格発表のときには、自分の名を見るだけでなくて、「やったぁー」といいながら飛び跳ねて喜んでいる自分を「動き」とともにイメージしてみます。

動きのあるイメージは、「動画」に慣れている今の世代にはよりイメージしやすく、効果も高く、メリットがあるはずです。

正確なデータはありませんが、静止したイメージをするよりも、動きやストーリーのあるイメージのほうが、より早く、高い確率での願望実現が成されるわけです。

4 ストーリーをつけてイメージしてみる

ストーリーといっても、そんなに長いものである必要はありません。たとえば、営業に出かけて契約がとれた→営業所に戻って所長からほめられた→さらに成績が上がって喜んでいる自分の姿。という位のラフなストーリーで構いません。イメージの中でストーリーをつなげてみることが大切です。これはやってみるとわかりますが、かなり楽しい世界です。

ここでの注意点とポイントは、あくまでも「願望実現がしぼり込まれていて、その中でストーリーがしっかりしていることです。さらに、最後は必ずハッピーエンドで、しかも短いストーリーのイメージをくり返し思い浮かべる点です。とりとめもなく、ただ一回限り「こうだったらいいなあ」というのではありません。

そのストーリーが本当に現実のものになると信じて、リラックスしているときにくり返し毎日イメージし続けてみるのです。

ここで紹介した、イメージに動きやストーリーをつけるというのは、かなり「進化」したやり方です。

時代と共に「潜在意識」に願望を刻印していくためのテクニックは進化していくというのがわたしの持論です。マーフィーのオリジナルは崩さずに、その中で時代に合ったやり方を追求していくのは、絶対に間違ってはいないはずです。

MURPHY'S LAW

キーワード⑤　時間

通常の成功法は、少しずつ着実に、段階的に成功に近づいていくための「プロセス」を重視し、その間のプロセス管理の手法が説かれています。

たとえば、わたしはタイムマネジメントも教えていますが、そこでは目標・計画・実行・フォローアップという一連の流れの中で、成功するタイムマネジメントの方法を考えていきます。

ところが、**マーフィー流では、この時間のプロセスについては全く考えず、結果をイメージさせて、潜在意識にインプットします。**

そして、本人には思いもかけないような方法で現実化します。つまり、大切なのはインプットのやり方であって、「時間」はあたかもワープして時空を超えるかのように作用します。だから、「コツコツと着実に努力していく」という成功への時間のかけ方しか知らない人にとっては、プロセスがないことに納得いかない場合があります。

いわば、ここは学術的な方法でいくのか、ポップ、つまり大衆向けでいくのかの分かれ道です。

言うまでもなく、「プロセスなし」ということは、学術分野で大学の教授が説くような方法とは異ります。まさに現実的で、大衆向けのポップな「哲学」です。

また、願望実現に適した「時間帯」ということも、このキーワードである時間には含めてみました。

肝心なポイントなので、まとめておきましょう。

願望実現のために、潜在意識がイメージを受け入れやすい時間帯とは、基本的には、次の通りです。

1　判断力、理性の働きがにぶっている時間

朝の起き抜けか、就寝前がベストの時間帯となります。マーフィーの法則の事例の中に

は、「夜眠る前」というのは、多く見受けられるものです。また、あまり積極的にはお勧めしませんが、ほろ酔い加減で、アルコールで少し気分が良くなっている時間も、理性が低下しているのでよいかもしれません。

なぜ理性の働きがにぶった時間がよいのでしょうか。

これは、潜在意識に対して何かをインプットしようとしたときに、理性が働いていると、インプットしたあとに、

「そんなことはやはり難しいかな」

「理屈で考えたら、ムリだな」

「これは、科学的とはいえないね」

などというように、すぐに頭の中で反発してしまうことがあるからです。しかし起床直後、就寝前、あるいはほろ酔いのときなどには、こういった働きがにぶっているので、タイミングとして良いということです。

2 リラックスしている時間

わたしの研修では、受講者が緊張しているのがわかると、1分くらいのマッサージ体操を取り入れています。首や肩の力が抜けてリラックスできていると、気持ちが反発したり、反抗的になりにくいのがわかっているからです。

「友好ムード」のときも、互いの体はリラックスしているものです。

このときには、潜在意識が受け入れムードになっているので、思いっきり「願望実現」に取り組んでください。

理想としては、毎朝、毎晩、リラックスしながら「強い願望」を潜在意識にくり返してインプットしてください。願望の「強さ」というのは、次のキーワードである「感情」がかかわっています。

MURPHY'S LAW

キーワード⑥　感情

もしも、しっかりと潜在意識に願望をインプットしたいなら、そこには「強度」が欠かせません。

強度というのは、想いに「感情」が込められたときに増していきます。

それが、ただ祈りのフレーズを唱えるだけだったり、「ダメならダメでもいい」というようなあやふやな気分だと、潜在意識へのインプットは中途半端なものとなります。

また、潜在意識は「主語」を認識しないので、感情はその中身によって、あなたの願望を左右することになります。

たとえば、他人への怒り、憎しみというような「マイナス」の感情は、その対象が誰に対するものであったとしても、あなたの潜在意識に、その「マイナス」の感情が入っていきます。

だから、潜在意識への願望のインプットの強度を増したければ、まずは楽しみ、喜び、幸福感、充実感のような「プラス」の想いを抱くべきです。

また、「何が何でも実現してみせる」という決意、信念もプラスとなります。ただし、こちらの場合は、ときに体をリラックス状態から遠ざけてしまうので、注意が必要です。

普通は「あの人は感情的」というと、あまり良い意味では取られません。しかし、マーフィーの願望実現法では、プラスの感情を伴わせてのイメージや祈りは、絶大な力を発揮してくれます。

プラスの意味に限定してですが、感情を出せる人は、早く願望実現という成果が得られるはずです。

MURPHY'S LAW

キーワード⑦　ことば

「ことば」については、他でも述べているので、ここではまだ他では触れていない点について、述べていきます。

たとえば、「願望実現法」とかしこまって考えてしまうと、願望実現のための「フレーズ」もよそよそしいものとなってしまいます。

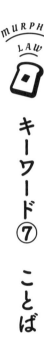

そこで、**ひとつのお勧めは「わたし」という主語を取って、日常用いるようなフレーズで、くり返し潜在意識へのインプットをはかるとよいでしょう。**

願望をフレーズにするとき、「わたし」とつけた状態ですと、普段の自然な会話での感覚は出にくいものです。「わたしは仕事で成功する」と言わずに「仕事で成功する」としたほうが、短いしインパクトも強くなります。また、潜在意識は主語を認識しないので、あえて「わたし」をつけないというのも、ひとつのやり方だと思ってください。

「わたしは結婚している」→「結婚している」
「わたしはBMWの5シリーズに乗っている」というよりも「BMWの5シリーズに乗っている」としてみましょう。

これは結婚やBMWのみならず、他のすべてのことについて、いえることです。
イメージにプラスして、こうやって、ことばを唱えることを習慣にしてしまいましょう。

ここで、これまで見てきた7つのキーワードをすべて駆使して、「試験の合格」ということでシミュレーションしてみましょう。

まず「ストーリー」「動き」を取り入れるとよいので、試験会場の入り口を入ってイスに座り、さらには試験を受けて、最終的に合格通知を受けてにっこりスマイルしている自分を頭の中でイメージします。

時間帯は、起床直後と就寝前です。毎日くり返し行いましょう。このとき合格通知を受け取って喜んでいる自分の姿を感情を込めてイメージします。さらに、その状態が現実化しているのだと信じ、祈ります。

そのときにことばで、

「わたしは必ず試験に合格する！」ということからさらに一歩進めて

「必ず試験に合格する！」と短くしてみます。

建築や広告の業界で「LESS IS MORE」ということばがあります。潜在意識への願望のインプットも、より短く、インパクトの強い文を作り、唱えていきましょう。

マーフィー流成功6カ条

マーフィー理論を日本に広めた人、故・しまずこういち氏によると、マーフィー理論には〝成功6カ条〟があるといいます。

ここでは私流ですが、先に述べた「7つのキーワード」をふまえて6か条を説明していきます。この6カ条こそ、成功には欠かせないというものです。

①物事を肯定的に考える習慣
②努力を惜しまない
③明確な目的意識
④自分を信じ他人の否定的なことばに惑わされない
⑤失敗を恐れない
⑥想像することがうまい

それでは、一項目ずつ見ていきましょう。

ただ、これは私流のマーフィー理論のとらえ方がベースになっているため、他の研究者と微妙な違いがあるかもしれないことは認識しておいてください。

MURPHY'S LAW

①物事を肯定的に考える習慣

潜在意識に意識したことを刻印するためによいのは、「くり返し」です。

つまり仮に願望の刻印力がやや弱かったとしても、毎日習慣化してしまうことによって、それはやがて潜在意識に達します。半ば無意識のうちに、心の深層へと願望がインプットされます。

それに加え、**「肯定的に物事をとらえる習慣」というのも、マーフィーのみならず、いわゆる「成功法」「願望実現法」の大家と呼ばれる人々はみな説いていることです。**

ナポレオン・ヒル、ノーマン・V・ピール、ウエイン・W・ダイアー、アール・ナイチンゲール……すべてPMA（POSITIVE MENTAL ATTITUDE）、積極的心構えの力を共通して説いています。

あるいは、成功法に用いられるたとえ話にしても、コップの水の話（水が半分しか入っていないと考えるか、まだ半分も残っていると考えるか）も、裸足の住民に靴を売る話し（全員が裸足だから可能性をゼロととるか、大きなマーケットととるか）も、言わんとするところは、物事をどのようにとらえるかは「人間」の側にゆだねられており、そこに欠かせないのは「肯定的な思考」ということです。

わたしたちの日々の想いというのは、潜在意識に与える栄養であり、車のガソリンのようなものです。だから、この中身はあくまでも「肯定的」なものであることが条件となります。

「あなたが潜在意識に書き込んだり、刻みこんだりすることは、どんな思想であれ、信念であれ、意見であれ、理論であれ、教養であれすべて、あなたは、環境、状態、出来事などという客観的に現れたものとして体験することになるでしょう」（「眠りながら成功する」産能大学出版部）

富、平和、愛、幸福、繁栄、豊かさ……「できる」「やりがいがある」「楽しそうだな」「がんばるぞ」といった肯定的な思考というものは、それがかたちを変えて「出来事」「体験」としてわたしたちの前に具現化して現れるものなのです。

人生を良くしたければ、私たちは〝肯定的に考える習慣〟をつけなくてはいけないのです。

MURPHY'S LAW

②努力を惜しまない

マーフィーの言う「努力」「勤勉」といったことは、ただ額に汗して働くという意味では決してありません。

ここで言う「努力」は、マーフィーの次のことばによって明らかです。

「勤勉とは体を壊すほど働いたり、夜遅くまでがんばることではなく、潜在意識にどれだけ自分の望みを植えつけるかです」(『マーフィー珠玉の名言集』産能大学出版部)

つまり、「努力」というのは、潜在意識に自分の願望をしっかりとインプットする労を惜しまないことなのです。

具体的には、願望が刻印されやすい起床直後や就寝直前に、自分の願望をイメージした

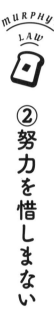

り口に出して祈ったり、自己宣言したり、瞑想して心の平安を取り戻すというような〝努力行動〟を欠かさないということになります。

物理的に、ハードワークで長時間労働をしなくては成功しない、ということをマーフィーは言っているわけではありません。

だから、マーフィー以前のアメリカの「広義の成功法」として挙げられるベンジャミン・フランクリンの、一生懸命働くという意味での「勤勉」のように、このような努力そのものを、少なくともマーフィーは成功の条件とはしていません。

仮に、一生懸命に働いて、そこに心の充足感があり、やる気も湧くとしたら、それはむしろ勤勉そのものというよりも、それがもたらす「心構え」が成功要因といえます。

その肯定的な、充足された心が潜在意識に刻印されて、「良い現象」が現実の世界に現れたということです。

MURPHY'S LAW

③明確な目的意識

マーフィーは、祈りが叶えられるためには、〝目的地〟が欠かせないと言います。ジャンプしたあとの着地点というような言い方もしています。

これは、たとえていうと、

「潜在意識はあなたを目的地にまで運んでくれる運転手である。この運転手はとても腕が良いから、あなたの望む通りの所まで行ってくれる」ということです。

しかし、仮にお客さんであるあなたが「指示」を出さなければ、行きようがないということを忘れてはいけません。

あるいは、指示を出すにしても、運転手に「大阪へ」と言って走り出させたにもかかわらず、しばらくして、「やっぱり仙台へ」と言われても、これもまた遠回りになってしまい大変困ったことになってしまします。

つまり、ここで言いたいのは、まず「目的地をはっきりさせる」ことが大事ということです。これは先述した「結果の先取り」でいう〝結果〟にあたります。そして、一度定めたなら、実現するまでは大きな変更をしてはいけません。

もちろん、現実には車で目的地に行くまでに行うような微調整はあるかもしれません。しかし、目的地が北海道から沖縄、というような大幅な変更をしてはいけません。

ということは、目的地そのもののない人、願望そのものがはっきりしないという人は、まず目的地を決めることから始めなくてはいけないことになります。

まあ別にこれといってないとか、何でもいい、というような心であると、さすがのマーフィーでも、成功させようがありません。

あなたには、鮮明な「目的地」がありますか？

仮に富士山の頂上という目的地さえはっきりさせたなら、あとは潜在意識に任せてしまうとよいでしょう。五合目までは車で行けばいいとか、ヘリコプターを用いようとか、手段や方法については自分で決めることはありません。

あなたはそこに到達していることを、信念になるまで、「これは現実なんだ」と自然に無理なく思えるまで、潜在意識へインプットし続けていくだけでよいのです。

MURPHY'S LAW

④自分を信じ他人の否定的なことばに惑わされない

潜在意識という点からみると、願望の実現についてはどうやら「不言実行」のほうが有利に働くことが多いようです。

ただ自分を追い込み、あとへは引けない状況にするために、あえて「有言実行」をしてしまう方法もあります。もしも言った通りにならないと「あの人の言うことは信用ならない」「あいつは口先だけだから」と言われかねないから、それで死ぬ気でがんばれる力が出てきます。もっとも、周囲に「有言」してしまうと、ある種の「雑音」が入ってくることも多々あるのは事実です。

「そんなことできるわけないじゃない」
「バカじゃないの」
「ムリだよ」
「そんな例なんかないよ、失敗するさ」

という類の否定思考の周囲の人からのことばです。

これを即座に否定できたり、笑って聞き流せるような人は少ないのではないでしょうか。「できない」「ムリ」「ムダ」などという周囲の人にとっては何気ない一言であっても、それがそのままに刻印されてしまったらどうなるでしょうか？

だから、**意識的には、あくまでも不言実行、自分の信念のもとに願望実現の道を歩んでいくことをお勧めしておきます。「理想について他人と話すことは少ないほどよい」というマーフィーのことばを味わいましょう。**

ただ、落ち込んだときに、いきなり心構えをプラスに変えようと思っても、なかなか一人では、心の状態はすぐには変えられないものです。

そんなときは、「よし、がんばるぞ！」「まだまだこれから」「絶好調！」というように自分を励ますことばを口にすると、思いのほか早く心が立ち直ってくるものです。

このような力の出る、ピリッとした元気の出ることばを英語の表現ではPEP TALK（ペップトーク）といいます。

こしょうの「PEPPER」のPEPで、自分を励ますものです。周囲からマイナスの否定的なことばが聞こえてきたなら、ひとりごとで、あるいは「心の中」でペップトークをすることをお勧めします。

マーフィーは、「良い言葉を絶え間なく念唱」せよと説きました。また、「実現するのは、自分が内なる心に話しかけたことなのだ」とも説きました。

ペップトーク、さらには文章の形にして、自分の信念をくり返し口に出し、また心の中でくり返してマイナスことばを打ち消し、信念を強化していきましょう。

MURPHY'S LAW

⑤失敗を恐れない

失敗そのものは、実は成功への一過程にすぎません。

成功の定義、法則として間違いないのは、「成功するまでやめない」ことです。これは何もエジソンの例を持ち出すまでもありません。何百回、何千回と人のいう「失敗」をくり返したエジソンは、「うまくいかない方法を何千通りも見つけただけ」だと豪語して、ついには成功に至ります。そう、成功するまでやめなければ、それは失敗とは呼べません。

失敗を恐れてしまうと、結局は行動を起こせなくなり、結果として何もせずに終わるということにもなりかねません。

マーフィーは「恐れ」そのものの克服法も説いています。

どういうものだと思いますか?

それは、「恐れていることをやれ」というのです。

たとえば「人前で話すのが恐い」のなら、いちばんよいのは、とにかく人前で話してみることです。交渉で大きな要求をして相手がどう反応するのか恐いのなら、とにかく思いきって要求してみることです。よく考えてみたら、「恐怖」というのは実体がないものであり、自分の心を見つめてみると、そこにはただ「恐怖感」という一時の感情があるのみなのです。

そして、そのことに気づくと、恐怖はいつの間にか薄れ、そして消滅してしまっています。だから、失敗そのものというのは、別に恐れるようなものではありません。成功に至るまでのプロセスとして、ただそういう出来事もある、というのにすぎません。

とにかく、マーフィーが言うように積極的に「やってみる」ことです。失敗してみると大したことではなかったということがわかります。そして、成功するまでやめないことです。

MURPHY'S LAW

⑥想像することがうまい

潜在意識を活用している人は、一人の例外もなく想像力のプロといってよいでしょう。

成功法の大家であったナポレオン・ヒルも、巨富を築く条件の中に〝想像力〟を挙げています。また、世界の歴史も想像力によって動かされてきたといっても過言ではありません。

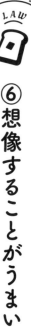

「空を飛びたい」というイマジネーションの産物が飛行機であり、スペースシャトルです。同じように身の回りを見ても、自然界の産物以外、「人工」のものは例外なく人間の想像力から生まれたものです。別の言い方をするなら、それらも「物」として生まれる前に、人の頭の中、心の中のスクリーンに「想像」されて、それから現実化しているものです。

しかも、マーフィー理論は、その想像は何も車や橋、ビルといった形あるものに対してだけではなくて、人間関係や、地位といったところにまで通用するのです。

マーフィーが紹介したエピソードにこんな話があります。

女子学生がクリスマスイヴの朝に帰郷するときに、ショーウインドウで気にいった旅行用バッグを見つけました。たまたま、その学生はマーフィーの講演を聴いており、こんな高価なバッグは買えない、と言いたくなりましたが、言いませんでした。そして、想像の中でバッグは自分のものなのだと信じたのです。

クリスマスイヴの夜、恋人から彼女にプレゼントされたのは、まさにその日の朝、ショウウインドウで見かけた自分のものだと信じたバッグでした。

これはとても身近な例ですが、想像力がうまく働くと、このように「朝イメージしてその夜に手に入る」ことさえあるのです。このエピソードを「偶然」と思う人は、もっとマーフィーの潜在意識についての理解を深めていく必要があるでしょう。

想像するのが上手な人は、いわゆる「右脳タイプ」の人で、直観力、イメージ力、想像力が強い人です。一方、想像するのが苦手な人は、論理脳、文字、数字、といった「左脳タイプ」の人でしょう。

左脳タイプの人は、絵を描くとか、歌詞のない音楽を味わうとか、文字よりも視覚的な表現を心がけるとか、直感で行動してみる、というような右脳を活用する工夫を日常で意識してみるのも想像力を強くするのに有効だと思います。

CHAPTER

3

マーフィー理論で願望を実現する

MURPHY'S LAW

潜在意識に願望を刻印する

ここでは、これまで見てきたマーフィー流の願望実現法を実際のマーフィーの言葉と照らし合わせながら復習、さらにその注意点と応用について述べていきたいと思います。

くり返しになる部分もありますが、それは、それだけ大事なポイントということです。再確認していただきたいところです。

また、私の専門分野である「祈り」「瞑想」の方法についても解説し、誰もが簡単に「願望を潜在意識に刻印」することができるようにしたいと思います。

願望は、確実に潜在意識に刻印されたなら、それはやがて現実化します。しかし、これまで見てきたように、刻印するためには、いくつかの条件があります。

①くり返し効果
②感情を伴わせること
③意識の反発を受けない状態

この3つは最低限守って、願望を潜在意識へと刻印し、インストールしたいものです。
ここで少しくわしくその応用までみてみましょう。

①くり返し効果

前でも触れましたが、たとえば、30代以降の方が「やめられない、とまらない」と聞くと『かっぱえびせん』という、商品名が出てくる人は多いでしょう。

それは、なぜでしょう。

それは1回だけでなく、長期間にわたってCMでくり返した効果が働いているからです。
知らないうちに記憶に刻み込まれてしまっているのです。

もちろん、1回切望しただけでも、それが強力なものであれば、潜在意識に刻印されるということはあり得ますが、一般的には何十回とくり返す必要があります。

この場合に、願望の表現の仕方を、「進行形」にしたり、「断定形」にするような技術があります。

「なりたいなあ」というのと、「なりつつある」とか、「すでになった」というのとでは、印象が異なるのがおわかりでしょう。願望の表現の仕方をこのように工夫することで、意識の反発を抑えることができるのです。

②感情を伴わせること

潜在意識に刻印するためには、それが「強い願望」である必要があります。その強さというのは、どうしても実現させてみせる、という強い願望です。そこに感情が伴うかどうかというのが決め手になってきます。

夢が叶ったそのときをイメージして、湧き上がってくる喜びの感情、どうしてもやらずには、成さずにはいられないという、情念というか、燃えるような感情です。ある意味、逆境というものも「何としてもこの状況を打破してみせる！」という強い情熱が湧き上がり、潜在意識の刻印においてプラスに作用するものです。

ピンチはチャンスということは、潜在意識のレベルで見ても、うなずけることなのです。これについては後ほどくわしく触れることにします。

③意識の反発を受けない状態

願望が潜在意識に確実に刻印されると、ゾクッとするようなスリルを感じるのだとマーフィーは説いています。その感覚がわかったなら、潜在意識への刻印もずっと楽になるでしょう。しかし、「意識の反発」を受けたときも、その「ゾクッとするようなスリル」を感じてしまうことがあります。

特に、スケールの大きな願望、まさか実現するとは思えないようなものだと、祈ったり、イメージしたり、唱えたりしたすぐ直後に、意識が否定してしまうことが多いのです。すると、確実に潜在意識に刻印されにくくなってきます。これはくり返しになりますが、願望刻印には最適な時間は、起床直後と就寝直前です。

なぜなら、起きてすぐのボーっとした状態のとき、寝る前の一日の仕事の疲労でもう難しいことを考えるのが面倒な時間です。どちらも理性の働きは低下しており、「意識の反発」が起こりにくいのです。この時間に合わせて、あなたの願望を刻印していくようにすると、より早い願望実現がなされていくはずです。

MURPHY'S LAW

心の中のスクリーンに絵を描く

ここで、マーフィーが説いている「心の映画法」と呼ばれる方法を紹介しましょう。マーフィー自身も、また、ラジオの聴衆をはじめとする彼の講演を聴いて実行した人々の多くが実際に効果を得た方法です。

マーフィーはアメリカの中西部の諸州で講演を行ったことがあります。その際に、この地に事務所を設けて、仕事ができることを願いました。

このときに用いたのが、この「心の映画法」です。

心の中のスクリーンに、自分が中西部の州の聴衆たちを前にして語りかけているシーンを想い描いたのです。そして、想像の中で聴衆をはっきりと実感し、実在しているのだと感じ取りました。

もちろん、この心の中のスクリーンに映し出された〝映画〟はやがて潜在意識にインストールされて、〝現実〟というスクリーンに映し出されることを信じたのです。

このときのマーフィーは、自分の説いた理論通りにことを進めていきました。まずソファーにリラックスしてくつろいだ体勢になりました。つまり、潜在意識に願望が到達しやすい「身構え」を取り除いたのです。その上で心の中のスクリーンに、自分の願望が実現しているという想像上の映画を上映したのです。

実は、潜在意識に願望がインストールされると感じられるシグナルがあります。それは、「平和な気持ち」と「満足感」です。

心の映画法の最中にも、マーフィーはそのシグナルを味わっています。そして数日後、マーフィーは一通の電報によって、願望が現実化したことを知りました。

中西部のニューソート系の教会からの講演の依頼だったのです（ニューソートとは誰でも自分自身で運命は変えられるとキリスト教の異端派の思想）。そしてマーフィーは数年にわたり、心の中のスクリーンに上映したのと同じ場面を現実に味わうこととなりました。

もちろん、この方法はマーフィーだけが使えるものではなく、万人が活用できるものです。

わたしは、研修や講演を年に200から250回ほど行っています。といっても、今では全く自然に、友人と会話するのと同じ心境で話を進められますが、はじめからそうではありませんでした。もともとスピーチが得意でなく、20代のはじめは日本中の有名な「話し方教室」を回り続けて、何とか克服しようと努力していたものです。

そのとき、マーフィーが行ったという「講演前の視覚化」という方法は、とても有効だったと記憶しています。というか、今でもそれが役立っているのでしょう。講演会場を心の中に想い浮かべて、そこに大衆がやって来ることをイメージします。さらに「視覚」のみならず、その聴衆たちの「声」という「聴覚」も用いるのがマーフィーのユニークな点です。もちろんイメージの中でです。

聴衆がマーフィーに対して、「すばらしかった」とか「癒やされました」というようなフィードバックのことばを口にしているところもはっきりと映像化したといいます。

わたしも「ありがとうございました」とか「すばらしかったですよ」と言われていると ころを多くイメージしたように記憶しています。よく考えてみると、これは今になって毎日のように受講者や聴衆に言われていることなので、潜在意識の力といってよいのかもしれません。

そのためでしょう。わたしも本書を書きながら、「よし、さらに上のレベルをイメージしてみよう」というモチベーションがマーフィーによってもたらされました。わたし自身も、マーフィーによって今も勇気づけられているのです。

MURPHY'S LAW

「置き換え」でマイナスイメージを打ち消す

第2章では「プラスイメージでマイナスイメージを打ち消す」ということを述べましたが、ここではその方法についてマーフィーの言葉を中心に検証していきたいと思います。

過去のマイナス想念を、イメージの世界で払拭してしまうには、「置き換え」の技術を用います。といっても、難しいものではありません。

仮に、過去のマイナスが器の中にいっぱいに入っていたとしましょう。これをいきなり捨てるのは難しいものがあります。

しかし、少しずつ、仮に透明な水を一滴ずつでも休みなく注いでいけば、やがて、器はきれいな水で置き換えられ、いっぱいとなります。言うまでもなくこれはたとえですが、マイナス想念は、休みなく「肯定的な想い」という水で置き換えていくことによって、器はすべてプラスの想念となり、わたしたちの現実は成功、富、繁栄でいっぱいの世界に変わります。

これについてマーフィーは次のように説いています。

「失敗、欠乏、反感に関する考えを改め、発展、成功、幸福へ転換を図りなさい。常に考えているものをあなたは所有することになるからです」

「あなたは自分の考え方を変え、肯定的な考え方を持ち続けることによって、過去のあらゆる過ち、欠点、失敗を建設的なものに転換することができます」(『マーフィー珠玉の名言集』産能大学出版部)

そして肯定したものについては、それを極力キープしていくことを心がけることが願望実現には欠かせないものとなります。

肯定思考、富、成功、繁栄、豊かさ、平和といった念は、車でいうとアクセルを踏むことにあたります。

しかし、同時に否定して、貧困、怒り、欠乏、不幸を意識してしまうと、それはブレーキを踏むことになります。

おわかりのように、アクセルを踏みながらブレーキを踏んでいたのでは、車は前に進んでくれません。

願望実現のためには、ブレーキを踏まずにアクセルで加速し続けていくことが大切です。

「いったん肯定したものを打ち消さないようにしなさい。それは酸にアルカリを混ぜるようなものです。あなたの良きものを中和しないように」(『マーフィー珠玉の名言集』産能大学出版部)

MURPHY'S LAW

潜在意識の力を信じて「祈る」

祈りは、「何とかお願いします」と、「神様」でも「仏様」でも同じですが、他者、他力に頼ることです。

マーフィーの願望実現法では、この対象となるのが「潜在意識」ということになります。潜在意識の力を信じることが、祈りの大前提であり、建物の土台にあたります。これをもしも信じていなかったら、いくら祈ってみてもそれは形だけになってしまいます。

潜在意識の力を

①信じる
②任せてしまう

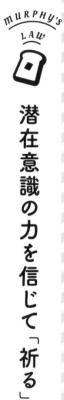

この②の「任せてしまう」行為こそが「祈り」です。

あえて言葉にしてみると、「わたしは潜在意識の力を信じています。ですから、わたしの願いを叶えてください。どうかお願いします」といった内容となるでしょう。

仮に東京から新大阪行きの新幹線に乗ったとしましょう。このとき、あなたは、必ず新大阪に着くことを「信じる」はずです。このことは特に意識はしていませんが、むしろ「あたり前のこと」として見逃されがちです。信じているからこそ乗ることが可能になります。

潜在意識への願望インプットとなる「祈り」は、大前提として潜在意識の力について信じることが欠かせません。

だから、もし今、「潜在意識の力というのは、本当にすごいのだろうか？」という疑いが心にある方は、まずそれを取り除くことがスタートになります。

祈りの「好転反応」に驚かない

潜在意識の活用ということを説いて、様々な人と接してみると、半数近くの方たちに共通したことがあります。

それは「反応」が出てくることです。「反応」とは、一時的に悪い状況になることです。これは、潜在意識が強く働き始めたという、いわば浄化作用のシグナル的なものだと考えてください。

わたしは昔、修行のひとつとして「断食《だんじき》」を行ったことがあります。心身の強化、改善は食を断つことによってなされます。

特に飽食の現代人は、「あえて自分の意志で食べない」ときを作り出すことで、意志力の強化は確実になされます。また、生活習慣病の多くは生活の一部である「食事」によって、かなり改善されるのです。

さて、この断食を始めると、「好転反応」と呼ばれる一種の浄化作用が起こります。つまり、体に悪い箇所があると、それがさらに強い反応として一時的に出てくるのです。この時点で、断食をやめてしまう人も出てきます。

「大変だ、やっぱり食を断つなんて良くないんだ」となるわけです。

しかし、この好転反応の時期が過ぎると、頭も体も軽くなり、若返り、生まれ変わりというのに近い感覚が味わえます。

同じような例を挙げてみましょう。仮に、何百億円を持つような財産家になると願望したとします。ところが、マーフィー式にやってみたら、さらに支払いが増えました。どういうわけか一時的な出費が続いたりもしてしまいました。すると、「何だ、効果がないじゃないか。むしろ悪くなった」とやめてしまう人がいます。

しかし、**「良くなる直前には一度悪いものがすべて浄化されて出てくる」という好転反応があることを知ったら、そこでやめてはならないことがわかるでしょう。これは、いわば「夜明け前が一番暗い」というのにも似ています。**

MURPHY'S LAW

祈りの方法のポイント

マーフィーは、祈りの方法として、次の3点を強調した。

①リラックスしておだやかな心で
②真剣に
③シンプルに

少し説明を加えておきましょう。
先に「信じる」、そのあとに「任せる」ことが大切だと説きました。
ここでいう任せるというのは、「必ず実現させる」などというのとは全く異ります。
マーフィーも祈りにおいては「力んだり、強制するのはタブー」だと説いています。

くり返しになりますが、起床直後の、あまり理性の働いていない時間帯は、潜在意識に入りやすい時間です。このリラックス時に、おだやかに、静かな心で祈ってみてください。だから、感情が乱れておだやかになりたいときには、祈りに入るタイミングをみて、心が安定したときに祈るように習慣づけましょう。

真剣に祈るというのは、そこに集中するということです。初詣に行って、年頭の誓いを立てるのと同じように、その意識の力によって必ず実現するのだと信じて、そしてあとはもう大いなる力に任せきってしまってよいでしょう。

「リラックス」と「真剣さ」というのは、実はバランスが大切です。

リラックスしすぎてしまうと、仕事ならうっかりミスをしたり、眠ってしまいます。といっても、真剣になりすぎてしまうと、肩に力が入ったり、緊張につながってしまうこともあるから注意したいところです。「必ず実現する」ということだけに集中して想いを寄せていっていただきたいのです。

ポイントとなるのは特に③の「シンプルに」ということです。わたしはプレゼンテーションの指導も行っています。すると、たとえばパワーポイントでスライド作成を行なうと、どうしても情報を盛り込みすぎてしまって、逆に言いたい点がぼやけてしまうことが多いです。

そこで、キーワードとして、「KISSの法則」ということをお伝えします。

これは、「KEEP IT SIMPLE AND SHORT」の略です。

つまり、情報はより簡潔に、短くしたほうが、明確でより強いインパクトを与えることが可能となってきます。

そこで、もちろんすべてのスライドではありませんが、ときとして文字サイズを大きくして「経費削減」とか「残業の増大」などというように主張や、問題点等を強く打ち出してみましょう。すると、インパクトは増すのです。

ここで言いたいのは、潜在意識への願望のインプット、祈りについても同様だということです。

マーフィーも祈りそのものについては、「長さは必要ではない。簡潔で短く」と言っています。まさにシンプル&ショートという「KISSの法則」です。

たとえば「わたしはどうしてもクルーザーが欲しいのです。何とか叶えてください。信じています。お願いします」などと祈ったのでは、長すぎてしまい潜在意識に与えるインパクトは弱くなってしまいます。

そこで、「結果」の先取りという手を、潜在意識への感謝のことばに反映させてみると、インパクトが出てくるのです。

たとえば「クルーザーが手に入りました。すばらしいことです。ありがとうございました」「クルーザーで航海に出ることができました。ありがとうございます」といった感じになります。クルーザーの部分は、読者の願望にいろいろ置き換えて考えてみるとよいでしょう。

つまり、「すでに現実にそうなった。実現したので、これも潜在意識の力のおかげです。

形としては、「すでに手に入ったので、ありがとうございます」という文にします。そのフレーズを、リラックスした状態で、真剣に祈っていくことで、願望は実現してしまいます。完了形の祈りにして、「ありがとうございます。ありがとうございました」と感謝のことばをつなげましょう。

大変ありがとうございました」ということをことばにしていくのです。

何かをしてもらったり、物を贈られたら普通は「ありがとう」と口にするはずです。願望の実現という贈り物をくれる潜在意識に対して、あらかじめお礼のことばを口にして祈るようにするわけです。

わたしたちは日常的にすでに祈っているのです。

MURPHY'S LAW

理論で願望を実現する

ここまでの「祈り」というのは、先述したような手を合わせたり、姿勢を正して「祈る」行為を意識したものです。特に、初心者には、「今、わたしは祈っているんだ」という心が、真剣な祈りとなって、効果をあげてくれます。

祈る、ということが習慣化してきたところで、さらにマーフィーの見解を紹介しましょう。それは特別に「祈る」こと以外にも、「わたしたちは日常的にすでに祈っている」という考え方です。

これは、潜在意識に対しては、日頃のポジティブ、前向き、プラス思考がなぜ大切かの理由にもなります。

それは、「すべての思考と感情が祈りになる」というものです。「よし、必ず実現させてみせるぞ」という強い信念が祈りになるのです。

「何をしても手に入れるぞ」という強い願望です。
「二度とこんな思いはしたくない。いやだ。何とかくり返さないようにしたい……」
というわたしたちの感情の波がすべて祈りとして作用するということです。

基本的に祈りというのは、「こうなりたい」「こんなものが欲しい」というような理想を求める願いです。

だから、日常的に決意、信念、理想、プラスのイメージなどを心に描いている人は、それがそのまま祈りになっていると知ったら、おそらく日々のあなたは大きく変わっていくはずです。

はじめは、「これから祈ろう」と意識するようにして、くり返し実践していきます。一日の中で、祈りの時間を決めてもよいでしょう。

そして、慣れてきたなら、特別に時間を設けるようなことはしなくても、習慣的に考えたり感じることがそのまま祈りになっていくものです。

「習慣的な考えが祈り」とはマーフィーの言葉です。

朝、口に出したいことば、

習慣的な考えを良くしていくためには、まず一日のスタートである朝に良いイメージを心に描き、良いことばを口にしていくのがよいでしょう。

そこで、中村天風のことばと、エミール・クーエの「自己暗示」として有名なフレーズを紹介しますので、毎朝口に出して唱えてみてください。毎日のくり返しで、必ずあなたの思考は良い方向に向かっていきます。

朝　旦偈辞《ちょうたんげじ》（甦《よみがえ》りの句）

吾は今　力と勇気と信念とをもって蘇り、新しき元気をもって、正しい人間としての本領発揮と、その本分の実践に向わんとするのである。

吾はまた　吾が日々の仕事に、溢るる熱誠をもって赴《おもむ》く。

吾はまた　欣《よろこ》びと感謝に満たされて進み行かん。

一切の希望　一切の目的は、厳粛に正しいものをもって標準として定めよう。

そして、恒《つね》に明るく朗らかに統一道を実践し、ひたむきに人の世のために役だつ自己を

完成することに努力しよう（天風誦《しょう》句集（一）　財団法人天風会より）

エミール・クーエはフランスの薬剤師で、クーエの説いた「自己暗示」法は、その後もかたちを変えて各国で応用されています。クーエのことばの英訳で、クーエ自身が一番好んだものを紹介しましょう。

Day by Day, in every way,
I'm gettizo better and better.

わたしたちが唱えたいのは、その邦訳で、一般には次の訳が知られています。

日々　あらゆる面で　わたしは　ますますよくなっていく

祈りのフレーズとしてもシンプルであり、くり返したいものです。

MURPHY'S LAW

瞑想と祈り

先述したように、願望実現するまでのプロセス、実現させるための手段をあれこれと考えない。また、考えなくても実現するのが、「マーフィー流」です。

ただし、その間に「やるべきこと」はあります。それが、すでに何回も登場したことばである「瞑想」であり「祈り」です。これをしっかりとくり返して実行していったなら、わたしたちの願望は必ず叶うといってもよいでしょう。


そこで、これからこの瞑想と祈りについて、わたしがこれまでに学んだり、実践してきた具体的な方法をお伝えしたいと思います。

「これに気づくまでに何年もかかった」というようなエッセンスを、せっかくなのでここで公開しましょう。

MURPHY'S LAW

瞑想のポイント

わたしは、インドのヨガアシュラム（道場）でも瞑想しました。また、日本のいくつかの禅寺で坐禅を行ってきました。ときとして、企業の研修で要望があると「禅寺研修」を行うこともあります。

その体験から比較すると、同じ「瞑想」「坐禅」といっても、あまり細かな方法にこだわらないのがインド流で、細かくやり方が決められているのが、禅流といえます。もちろん、ヨガにも坐法というのはありますが、禅流ほどには、うるさくありません。

「瞑想」について、わたしの体験からいえば、初心者のうちは、ある程度は形の通りに行ったほうが、目的は達せられるものだと思います。

目的というのは、本来なら、「真の自己実現」とか「悟り」ですが、ここでは「願望実現」という目的なのだと思っていただいて構いません。

瞑想の〝形〟のポイントは、次の3つを満たすことです。

①上半身、特に首や肩、腕の力を抜くこと

上半身の力を抜く「上虚《じょうきょ》」は、瞑想のみならず、その道のプロならみな行っているものです。（力の入った状態を実《じつ》、抜けた状態は虚《きょ》と呼ばれています）

ところが初心者は何をやっても、コツがつかめていないから〝実〟となり、「もっと肩の力を抜いて」などと言われてしまうことになるのです。

②背筋をしっかりと伸ばすこと

これはヨガでもでも共通していることです。ちなみに坐禅は「座」と書かずに、昔は屋根のない戸外で行ったために、屋根を表す「广」を取って、「坐禅」と書くならわしがありました。

わたしはこれに気づくのに何年も要したのですが、後ほど「どうやったら背筋がしっかり伸ばせるか」というコツをお教えしましょう。「背筋を伸ばして」というと、背筋は伸びたものの、上体に力が入りすぎてしまうことが多いのです。

リラックスしながら、しかも背筋が伸びる方法があります。

③重心は下、お腹（丹田）に置くこと

〃あがり〃というのは、重心が上がることからきているというくらいにあがり症の人はフラフラしたり、上半身が「実」の状態になっているものです。

瞑想中心は重心を丹田《たんでん》に置くのが理想です。

瞑想中は、この3つのポイントを実践することで初めて効果が高いものになります。では、「力を抜く」ためのコツをお伝えしましょう。それは、逆に一度極限まで力を入れることです。するとおもしろいもので、必ず限界がきて、そのあと一気に力が抜けます。

「力を抜こう」とすると、かえって緊張してしまうもので、その逆に「力を入れられるだけ入れてみよう」とすると、そのあとに自然と力が抜けるようになります。

たとえば、拳を思いきり握りしめてください。一杯までやると、力を抜かざるを得ないはずです。

「上虚」を生み出すためには、息を吸いながら両肩をぐっと上にあげていきます。これ以上無理になったら、ハァーと息を吐いて肩をおとします。

何回かくり返すだけで、かなり肩の力は抜けますし、軽くなってきます。

あとは、肩を回したり、伸びをしたり、上体をねじったりして、力みをほぐしていきましょう。

MURPHY'S LAW

背筋の伸ばし方と肚の練り方

瞑想のチェックポイントは、あたかも車の運転を習いたてのころに似ています。ひとつに気を取られると、他がおろそかになってしまいます。

意識して背筋を伸ばそうとすると、肩や首に余分な力が入ってしまいます。

どうしたらいいでしょう。

それは、立っていても座っていても同じなのですが、まっすぐ正面を見ることに意識を集中してみるのです。もちろん、背筋を伸ばすことも意識するのですが、主に意識するのは、とにかくまっすぐに前を見ること、と思ってください。

猫背になったり、肩に余分な力が入っていると、視線は必ずしもしっかりと正面に向きません。それを、「まっすぐ正面に目を向ける」ことをするだけで、背筋が伸びていきます。

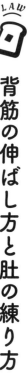

これは、いくつもの瞑想や坐禅の本を読んでみましたが、「背筋を伸ばす」ことと、「正面に目を向ける」ことを関連づけて書いていたものはありませんでした。他の方法より、簡単なので試してみてください。

「頭が天井を突きぬけるようなイメージ」とか、「天井からつりさげられたイメージ」とか説く人もいますが、上級者ならまだしも、初心者のうちですと、余計な力が入ってしまい上半身が力の入った実」つまり、「上実」になってしまうのです。

まっすぐ正面に目を向けること、または視線を床と平行になるようなイメージを持つことです。

また「肚《はら》を練る」というのは、昔から武道の名人や、器量人が共通して行ってきたことです。

古い話ですが、第二次世界大戦が終わり、連合国は「大日本帝国」を再現させないために、柔道を禁じていました。これは逆に言うと、武道の鍛錬によって「肚が練れて」さらに度量の広い人物となれるといってよいでしょう。「剣」と「禅」というのは、昔の日本、たとえば維新の志士は一人残らず鍛錬していたものです。このトレーニングは共に「ハラ」のすわった人物になるために欠かせないものです。

さて、力を抜いて、背筋を伸ばす、しかしこれだけでは肚を練るためには不十分です。どこかに意識を集めることが必要です。あるいは、力の入った（といっても緊張しているのとは違います）、充実した部位が体の中心として必要になります。

それが、ヘソ、肛門、ヘソの下3センチ位の「点」を結んだ三角形の中心にあるのが「丹田」です。もちろん、実際に目に見えるものではないし、〝感覚〟でつかむものなので、日々のトレーニングの中で、「このあたりが丹田なのかな」という感覚をつかむ必要があります。

初心者のうちは、「上虚下実《じようきよかじつ》」、つまり上半身の力が抜けて、丹田に力のこもった状態を早くつかめるようにしたいです。「頭寒足熱《ずかんそくねつ》」というのも、この「上虚下実」と意味するところはとても似ています。

ドイツの精神科医であるシュルツ博士の自律訓練法でも、禅のメソッドを取り入れており、そこでの「額が涼しい」とか「お腹があたたかい」というイメージも、意味は同じです。そこで、「丹田」に力のこもった状態を早くつかむために、初心者に勧めたいのは、次の2つです。

ひとつは、「お腹があたたかい」というイメージを持つことです。口に出して言うともっとよいでしょう。くり返すうちに、イメージの力によって血流も変化してくるのです。

もうひとつは、これは中村天風も〝感情のコントロール〟として言っている「肛門を締める」ということです。これも、くり返していると、丹田に力のこもってくるのがわかってきます。

以上のポイントを、「瞑想するときの形」として、しっかり認識してください。

MURPHY'S LAW

潜在意識への「刻印」のヒント

願望の潜在意識への「刻印」について、ここでは、さらに参考、ヒントとしていくつかのことをつけ加えておきます。

瞑想時に願望のインプットを行うのですが、このときには五感を用いて、音や動き、香り、手ざわりなどを合わせてイメージするとよいのはすでに述べた通りです。

それは、別の言い方をしたなら「リアルさの追求」といってもよいでしょう。

イメージを現実そのもの、リアルなものだと感じるかが、その実現への鍵となってきます。

基本的に、潜在意識は、「本当だと信じたこと（イメージ）」と、「現実」とを区別しないものです。この双方を、「現実」としてとらえる傾向があります。

だから、「願望のインプット」については、様々な「イメージを現実と思わせる工夫や手法」があるのです。

わたしは20歳のときに、当時著名であったヨガの先生の付き人をしていたことがあります。その先生は名古屋の人だったので、東京でテレビの収録がある、というときカバン持ちをしたものです。

先生は当時30代前半でしたが、「マーフィー」の説くような潜在意識についても面白い技を実践していて、身近にいてわたしも大変勉強になりました。

潜在意識への願望の刻印にしぼって、3つのエピソードをご紹介したいと思います。

1　チャンネルを替えろ！

ヨガ道場での話。ちょうどテレビニュースをやっているところで、先生と生徒たちが会話していました。

すると、ニュースで突然、火事のニュースが流れ始めました。そのとたんに、先生が、テレビの近くにいたわたしに向かって「松本、チャンネルを替えろ」と言うのです。

「そんな否定的なニュースを見ていると、潜在意識に入ってしまうから」と言うのです。メカニズムとしては、そのインプットされた「マイナス」「否定的」なものに合った現象が、現実の自分に起こるということです。

これは、わたしたちが意識へ願望をインプットするときに忘れてはならないことです。

特に、「何気なくニュースを見ているとき」「仲間と気楽に会話しているとき」というのは、理性の力が弱まっていて、最も潜在意識の受け入れ態勢が整っている瞬間のひとつです。だから、その「マイナスイメージが入る」と思った瞬間に、それをインプットさせない工夫が必要になります。

最近では「ＳＮＳ」から「マイナスイメージ」が入りやすくなっているので、「マイナス」のことを発信する人はミュートするなどし、工夫をする必要があるでしょう。

これは「テレビ」のみならず、自分の思考のチャンネルをマイナスからプラスに切り替えることと思ってほしいです。

2 睡眠学習という信念強化

名古屋から東京へ出張してきていた先生は、「今から15分眠るから」と言って、道場で横になり、アイマスクをすることがありました。あるとき、いつものようにアイマスクをしたが、耳にはイヤホンもしています。

「学習をする」ということでした。中容は、NHKのフランス語会話で、そんなに複雑なものではありませんでした。

しかし、「睡眠中に聞いた情報は、潜在意識に入っていき、学習効果があがる」という信念のもとに、その方法を行っているようでした。ここでは、「睡眠学習」が本当に効果があるかどうかということは、実はあまり大きな問題ではありません。

「これは効果がある」という信念のもとに行動をしたなら、やはりマーフィーの言うように「想いは現実をつくる」ので、本当にそれは現実になってしまうのです。

それから数カ月後、フランス語を全く知らなかったはずの先生が、道場に来たフランス人とフランス語で会話している光景を目撃しました。まさに、「信念は力」となるということです。

この短期間での語学力アップは、「睡眠学習は効果がある」という信念が原動力となったといえます。「睡眠学習」を他に置き換えて考えてみてください。あなたは、「信じた通りになれる」ということです。

3　ピンだらけの日本地図

東京道場の事務所には、大きな日本地図がはられていました。

ある時、その地図の至る所に、ピンが立てられていました。

「これは何ですか？」

「そのピンが立っている所に、これから道場の支部をつくるつもりなんだ」「でも、まだ、東京は池袋のサンシャイン60と横浜の関内に支部があるだけではありませんか？」

「将来こうなると強くイメージするために、あえて日本地図にピンを立てて、目に見えるかたちにしたんだ」

やがて、そのピンは現実のものとなり、やがては、フランスやブラジル、韓国と台湾、オーストラリアと世界に広がり、現実化していったのです。貼られていた日本地図が、いつの間にか世界地図になっていたのは言うまでもありません。

そのわたしの恩師は、「現代ヨガ」を広め、日本中にブームを起こし、今は「自由人」として、著作に講演にと海外でも活躍しています。

頭の中だけで「イメージしよう」というのは難しいものです。そこで、この「地図」「ピンを立てる」というように視覚化することは、潜在意識へのインプットに大いに役立ってくれます。

次のページからわたしが行って、やがて現実化したいくつかの例を挙げてみましょう。

MURPHY'S LAW

文庫本を出す！

わたしは28歳のときに本を出すことができました。

その当時の夢は「文庫本」を出したい、というものでした。

自己啓発本を読むのが好きだったのですが、よく読んでいたM書房から本を出したいと強く願いました。

そして、まずM書房の文庫本を一冊準備しました。

書名著者名の部分をハサミで切り取り、代わりに自分の名前、架空の書名を入れて、手製の「自分の文庫本」をオリジナルで作りました。

そうすることで、願望は潜在意識にインプットされました。

それを実現する方法は、「マーフィー流」であり、あらかじめアレコレと考えなくてよいのです。

すると、全く別の出版社で出した本を、「これをベースにしてまとめてくれませんか」という話がM書房からやってきたのです。

そして、『頭がよくなる記憶術』という本を出すことができました。

これは偶然でなく、潜在意識の力だと思える人は、マーフィー理論の理解が進んでいる人です。潜在意識を使ったからこそ、話が向こうからやってきたのです。

MURPHY'S LAW

車を手に入れる！

わたしはあまり心の底からの願いで「物」が欲しいと思うことはありません。

そんなある日、知り合いのコンサルタントが「外車を買ったんだ」と言って、同乗させてくれました。それはアルファ　ロメオという車でした。そのとき、わたしは珍しく、「外車もいいかな」と思いました。

そこで、わたしがやったのは、自分の欲しい車を見つけたら、その横で写真を撮ることでした。そして、「これは自分の車だ」と強くイメージしたのです。

もちろん、撮った写真を眺めながら行います。

たまたま、わたしが仕事でシンガポールにいたときのことだったのですが、そこでも車の写真を撮り、日本に帰るまでイメージをくり返しました。時間的には3カ月かかりませんでした。マーフィーの本のエピソードのように、人からもらったのではありませんが、まとまったお金が入り、望んだ外車を手にすることができました。

わたしの友人でも、同様の方法でベンツを手にした人が2人います。

といっても、会社社長と医者なので、もともと潜在意識の力を用いなくても、と思う人もいるでしょう。ただ、この2人はともに、「社長になる」「医者になる」ために潜在意識の力を活用したことを加えてきます。

35年くらい前、医者のほうの友人は、まだ学生でした。毎日のように、「丹田」とか「ヨガ」とか「潜在意識」の話をしていました。また、格闘技マニアなので、武道の話でも盛り上がっていました。その当時から、「東洋医学と西洋医学を融合させた医療をやっていくんだ」と熱く語っていました。

そして、今はプラセンタ療法や、東洋医学を融合させたクリニックを展開しています。「心の底から強く願い続けたら、それはやがて実現する」のです。

細かくは例を出しませんが、他にも結婚やベストセラー、旅行、健康など大小様々なことで、わたしは潜在意識の力を用いてきました。

というよりも、誰でも潜在意識の力を活用しているし、これなしには人は生きていけないといっても過言でありません。

CHAPTER 4

マーフィー理論を使いこなす

MURPHY'S LAW

志の条件

マーフィー理論においては、世俗的な成功、願望実現が強調される傾向があり、また、その特徴として「即効性」をうたっているので、使いこなす側が注意しないと、単なる俗物になってしまいかねません。

そこで、そのマーフィー理論を使いこなす上での心の持ち方をこの章で述べていきます。

わたしは以前、「志」について著書を出したことがあります。そのとき、たとえば明治維新の志士の〝志〟とは何かの定義づけをしました。それは次の2つを満たすものです。

①長期にわたるものであること

②利他的な内容であること

たとえば、次の日曜日にディズニーシーに行こうというような場合、それは志とはなりません。あまりにも短期であり、すぐに実現できてしまうからです。だから、長期にわたる、というのには「チャレンジしがいのある」というような、難易度の尺度を加えてもよいのかもしれません。

そしてもうひとつが、利他的なものであるということです。これは、言うまでもなく、世のため、他人のためになるという利他の道です。

たとえば、金儲けのためだけに、新薬を開発したなら、これは利己的なので志には値しません。しかし、人類をその病気から解放していこうとなると、それは〝利他〟となり、志といってもよいでしょう。

つまり、同じ行為であったとしてもそのときの心構えの違いは大きい、ということです。

高級自動車、立派な家、財産……。しかし、それらはすべて利己的なものであり、他でも書いたことがありますが、それは失礼を承知で言うならば、「子供のオモチャ」と同じレベルでしかありません。

しかし、マーフィーは、これらを手に入れるための世俗的な成功のみを説いたのではありません。このことは強調しておかないと、ただ、物を手に入れるための便利な方法と曲解されてしまいかねません。

MURPHY'S LAW

潜在意識には主語がない

マーフィー理論の骨子《こつし》は、潜在意識に強力に願望を刻印すると、それはやがて現実化するというものですが、そこには大事なポイントがあります。

それは、24、25年前読んだにマーフィーの著書で、印象深く思った、「潜在意識には主語がない」という意味合いのくだりです。

自分がしてほしいと思うことを他人にせよ、というのは、他人の喜びを我が喜びにするとか、他人の幸福を恨んだり、ねたんだりしてはいけないという教えにも通じてきます。その理由が、この「潜在意識には主語がない」ということを知るとはっきりわかってきます。

仮に、友人が仕事もうまくいって金回りもよくなり「成功」したとしましょう。このときに、「あいつ、うまいことやりやがって、いつか失敗すればいいのに」と想うと、「あいつ」という主語が取れてしまって、〝失敗すればいい〟というマイナスの想いが潜在意識に刻印されてしまいます。そして、結局どうなるかといえば、そう想った当人が失敗してしまうのです。

だから、ここから導き出されることは、他人が成功したら、「本当によくやった、偉いね」「すばらしいことだ」と、自分も心の底から喜ぶことです。

つまり、「あの人が成功してよくやった」「あの人はすごい」と心の底から思ったなら「あの人」という主語はなくなり、「よくやった、すごい」というようなプラスの想いが潜在意識へと刻印されることになります。

そして、法則通りに、やがて自分の願望も実現するのです。

そこには「類友の法則」が働き、プラスの想いは、プラスの出来事、プラスの現実を引き寄せるということになるのです。

あなたは、他人の喜びを我が喜びとすることができるでしょうか?

潜在意識にまでは至らない例ですが、たとえばスポーツのコーチングでも、マイナスを意識させるのは、同様にまずい結果を招いてしまうことがあります。

野球でいえば、投手が「あのバッターは、低目が得意だから、絶対に低目に投げるな」とコーチに言われると、逆にそこへ投げてしまうようなものです。

「君はフォークがあまりよくないから」とか、「フォームが基本からかけ離れている」などというマイナスの指導はやめたほうがいいでしょう。

良い面を評価して伸ばすという指導方法は、想いを変えることが行動変革にまでつながっていくことになるので、とても有効なのです。

MURPHY'S LAW

シンクロニティの体験

良い出来事もくり返し起こる傾向があります。これは、潜在意識への刻印のみならず、意味のある偶然の一致というシンクロニシティの理論でもあります。

たとえば、ある人のことを考えていたら、その人から電話があったとか、本を読んでいてちょうど見ていた内容が、そのままテレビのアナウンサーが話していたとか、夢で見たことが実際に起こったり、似た現象が短期間に多発したりなど、シンクロニシティは比較的頻繁に起こります。

世の中には原因があるから、結果が生じるという「因果の法則」の他に、どうやら因果のない、しかしどう考えてみても意味のある出来事は生じるのです。普段意識していなくても、緊急で生命にかかわるようなことが起きたときに、人は多くのシンクロニシティを体験します。
わたしも、家族を亡くしたときに、まだ亡くなったことを知らずに、電車で病院に向かっていたときのことです。偶然、電車で隣り合わせに座っていたお婆さんが花畑の絵を描いていました。それを見てわたしは、嫌な予感がしたのですが、そのあと、お婆さんは、「永山駅はあといくつですか?」と尋ねてきました。そして、こう言いました。「ちょうど亡くなった主人の一周忌でしてね。そこに墓があるんですよ」と。

この時点で、わたしは家族の死を直感しました。その後、こんなお婆さんと隣り合うことはありませんでした。これは、わたしの体験したシンクロニシティです。おそらく世間には、いろいろな状況でシンクロニシティを体験された方が多くいると思います。

MURPHY'S LAW

逆に感謝すること

マーフィーの教えというのは、わたしたちに生きる勇気を与えてくれるものです。

なぜなら、人は逆境に陥ると「もうダメだ」「ムリ」「どうすることもできない」とあきらめてしまいがちだからです。

わたしは昔、「でも」「どうせ」「だって」と、あきらめたり反発したりするようなことばを、その頭文字をとって「3Dことば」と名づけました。「3Dことば」は、マーフィーの考え方とは全く逆のものです。

しかし、もしも人生のマイナス要因と思われていたことが、成功への原動力となり、むしろ成功には欠かせないとしたらどうでしょうか？

「大病した。だから、もうダメだ」というのは一般的な従来の思考法です。

しかし、「よし、大病したから健康に留意しよう」と考えたら、大病したことは、健康な生活をしていくための良い切っかけになるはずです。「最下位だった」「ビリだ」「もう望みはない」というのではいけません。

「よし、あとは上があるのみ」「上昇する一方だ」「楽しみだ」となるべきです。もうダメだと思うか、あとは上があるだけと考えるか、人生はその思考が創り出すものです。

また商売でも、売れない原因を景気や季節に求めたりすることがありますが、「冷夏だから売れない」というのではなく、「涼しいから営業に出やすい」と考えることはできないでしょうか。

景気が悪くても売れている商品はあります。伸びている会社は存在しています。それはなぜか？　その根本は、考え方にあります。少なくとも考え方が変わらなければ、行動が変わるはずはありません。

くり返しますが、一見マイナス要因と思われ、成功の足を引っぱるようなことでも、実は全く逆で、「成功へのバネ」「成功要因そのもの」なのです。

成功へのマイナス要因と思われていることが、成功には実は欠かせないことなのです。

そう考えると、逆境に陥るたびに、むしろ、そこから逃げたり、嫌うのではなくて、「感謝する」ことはできないでしょうか？　俗にいう「ピンチはチャンス」であり、ピンチのたびに「ありがたい」と思えたなら、そこには全く新しい世界が展開してくるはずです。

逆境をバネにする

世にいう成功者を調べてみると、共通して、「逆境」「ピンチ」を成功へのバネとしているのです。特に立志《りっし》伝中《でんちゅう》の人物、経営者でいうならば教科書に載るような〝神様〟と称されているような人物は、みな「逆境」に陥ったか、一見成功にはマイナス要因、つまり失敗要因と思われるようなものを持っていたのです。

逆にいうと、大成するには、むしろ人よりも劣っていることがあったり、「これではダメだ」と思われるようなマイナス面を備えていたりすることが不可欠といってもよいでしょう。

松下幸之助が、体が弱かったこと、家が貧しかったことなどを自分の成功の理由として挙げたエピソードは有名です。体が弱い＝ダメ、という思考ではなくて、「健康に留意しましょう。学歴がないから、人の話をよく聞いて人一倍努力していこう。貧しいからこそ、将来豊かになろう」というのが、本当のプラス思考です。

つまり、マイナス要因は、プラス思考が伴ったときに、これ以上はないというくらいの成功要因、プラス要因へと変わるといえるでしょう。

身分制度が強く、武士の子以外が天下を取ることなど夢の時代、豊臣秀吉は農民の子として生まれて、戦国時代の社会のピラミッドの頂点にまで至りました。つまり出身というマイナス要因が何とか上昇してやろう、何とか成功してやろうという原動力になったわけです。歴史上に名を残している人物に、逆境になかった人はいない、といっても過言ではないでしょう。

では、ジョセフ・マーフィーには、その人生でマイナス要因と思われるようなことはあったのでしょうか？ わたしのライフワークのひとつに、人物研究があります。世に知られざる偉人を調べ、その生きざまを探っていくのですが、そこに共通しているのは、「生死の境」をさまようような体験、あるいは大病を体験した人物は強く、そして、大きく生まれ変わる傾向も強いことです。

たとえば、中村天風という人がいました。天風もまた、当時の死病を克服して、心身統一法を提唱し、人々に生きる力を与えた偉人です。

マーフィーも、実は大病、臨死体験をしていたのがわかったのです。〝死〟というのは実は逆境の中でも究極の体験であり、生死の境をくぐり抜けるという意味で、戦争体験者が持つ強さとも共通しています。

願望を潜在意識にインプットすると、それは必ず実現します。これは、マーフィーの法則の骨子でもあります。このことを、マーフィーは自身の死病サルコーマ（悪性腫瘍《しゅよう》）から回復することで実証したのです。

MURPHY'S LAW

心の活用法

マーフィー理論を一言でいうと「心の力を活用していくこと」がポイントです。そのためには、自分の想いそのものについて、もっと深く理解していく必要があります。

「心」を究めていくということでは、たとえば日本には〝禅〟があります。禅の中にはこのような表現があります。

「きれいな花があるのではない。きれいだと思う心があるだけだ」

全く同じことを死から生還したマーフィーは述べています。

「治らない病などない。そこには治らないと思う心があるだけだ」と。マーフィーの理論、マーフィーの成功法則というのは形を変えてこの「心の活用法」を説いているものです。

マーフィーは、「ニューソート」の宣教師としても著名でした。直訳すると「新しい思想」となるのですが、旧来のキリスト教の、いわゆる宿命論的なものではなく、自分自身で運命は変えられるという信念のもとにキリスト教を読み直していくような広義のキリスト教で、もっと人生をポジティブにとらえていくものです。

だから、マーフィー理論の中にはキリスト教的な中身や、聖書からの引用も多いのですが、その解釈は一般のキリスト教的なとらえ方とはかなり異なったところも多いのです。

本書では、そのような宗教的な解釈が目的ではないのでこれ以上は触れませんが、もしマーフィーの著書に触れる方がいたら、そこに載っている解釈、キリスト教は、「ジョセフ・マーフィーである」ということを、押さえておいていただきたいです。

さて、マーフィーはニューソートの思想を、毎週会合で1500人という、多人数の信者に説いてきました。

といっても、人前で話すということが得意ではありませんでした。むしろ、逆で少年の頃には、吃音《きつおん》、口ベタで悩んでいたくらいでした。わたしも、年に200~250回くらいの研修、講演を行っていて、人前で話すのが日常です。しかし、少年の頃は苦手であり、そもそも人前で話すような勇気などありませんでした。

一例を紹介すると、小学生のとき、先生が質問をします。

「この答えがわかる人、手を挙げて」

わたしは答えがわかったときでも、手を挙げると先生に指名されて、クラスの人の前で発表するのが恥ずかしいので手を挙げることができませんでした。

わかっているのに手が挙げられずに、後から手を挙げた子がほめられるというのが、また、嫌という、ひねくれた心を持つ少年でした。

そんなわたしは人前で話すのが大嫌いという状況にあったから、「人前で堂々と話をしたい」と切望して、学び、トレーニングをしていったのです。

実は、同様なことは、わたしの周囲の講演家やコンサルタントにも多いのです。

赤面恐怖症やあがり症だった先生も多くいます。やはり、マイナス要因はバネになり、ピンチはチャンスなのだと思います。

少年時代のマーフィーも、「何とかこの吃音、口ベタを克服して、堂々と人前でスピーチしてみせる」という想いが芽生えていたのではないでしょうか？

MURPHY'S LAW

すべてのマイナス概念からの脱却

マーフィーは病にかかり、臨死体験をしましたが、そのときに、すでに亡くなった親類と会話を交わしたり、思っただけで外国へも一瞬で移動できたり、通常の肉体を持っているとき以上に移動することができたと述べています。

マーフィーは病で3日間意識をなくしていたときに、医師が病室にやって来て、マーフィーがすでに「死」の状態にあることを口にしたのを〝見ていました〟。

あまりにも臨死状態が自由だったので、マーフィーは元のように肉体に戻ろうとは思わなかったくらいだと言います。そして、臨死体験によって、マーフィーは「死に対する恐怖」がなくなったのです。これは人生で最も力のあることです。

日常生活の中では、誰もが「死」そのものを見つめようとはしないし、無意識に避けているものです。もっとも人間は大人に成長するまでの年月の5倍は生きられるのだといいます。

つまり、25歳が成長のピークとしたら、5倍したら125才、ここまでは生きられる可能性はあるというのです。

それでも、人生は有限であることに違いはありません。人生は一度きりで、この一瞬一瞬は二度とありません。だから、与えられた人生を精一杯生きようと思うのです。

あるいは、宇宙が誕生してからこれからも、それ以前にも「あなた」の人生というのは唯一、1回限りでもう未来どんなに待っても、2回目はありません。だから、どんなときであっても二度と体験できないのだから、大切なのだと感じるのです。

また、「死ぬ」というのは「今、生きているから」こそ味わえるという考えがあります。まだこの世に生を受けていない人は、当然ですが死ぬことはできません。すでに亡くなった人も、再び死ぬことはできません。つまり「死」というのは、生きていた証なのだ、というわけです。

しかし、この世界がやがて二度と味わえなくなること、愛する人と語り合うことができなくなる日が来ることを真剣に考えてみると、やはり「死の恐怖がゼロ」になるというところまで、今のわたしはまだ到達できていません。


しかし、マーフィーは臨死体験によって次のような確信を得ていました。

「死は存在しない。なぜなら、あなたはどこかで永遠に生きているからだ」

このマーフィーの言葉には、どこにも死の恐怖がありません。それは、これ以上ない人生の強さになります。


また、仏陀と並ぶ聖人の一人と言われているクリシュナムルティは、「恐怖」というのは実体のないものであることをくり返し説いていました。

「死の恐怖」もそのひとつであるといい、もともと「死」そのものを体験することは人にはできないと説いています。体験した時点で死んでいるからであり、よくよく考えたら、体験したことのないことを怖がる必要はないわけです。体験していないことは、わかりようがないのです。

クリシュナムルティの教えは、一頃流行した、文化習慣のようなものがあたかも遺伝子のように進化して、次々に伝播《でんぱ》していくという「ミーム」的なものが、真実なのではないかとも教えてくれます（ミームとは人から人へと広がっていく文化のこと）。

マーフィーもこの辺りに少し触れており、マイナス思考をしがちな普通の人々の考え方には注意しなくてはいけないという意味のことを述べています。

究極のプラス思考は、マーフィーのように「死への恐怖」を代表とするすべてのマイナス概念から脱却した思考です。臨死体験を経たマーフィーの言葉には、超越した者のみが持つ力にあふれています。

MURPHY'S LAW

潜在意識の無限の力

フロイトによる発見は、心の分野においては衝撃的なことでした。それまでの万能の時代から、人の心には理性、思考、知覚といった顕在意識だけではなくて、無意識、潜在意識があり、しかもそれは意識の7〜8割もの広大な領域を占めているというのです。

よくいう例のように、顕在意識は水面から出ている氷山の一角であって、水面下の部分にあたるのが潜在意識なのです。

初期はフロイトと仲間でしたが、やがて別れたユングは、いわゆる「集合的無意識」それは、実は個人の潜在意識というのは大海の一部のようなものであり、それは人類共通といってもよい大海原《おおうなばら》、人類というレベルでの潜在意識に通じている、つながっているというものであると言っています。

たとえば、世界各地の「神話」の中に、打ち合わせたわけでもないのに、共通して太陽神が登場したり、太古の絵画が現代人のイメージと重なっていたりするようなことにユングは気づいたのです。

先に「潜在意識には主語がない」といったが、ユングの説いた集合的無意識、つまり、人類の潜在意識というのが、大海のようにつながっているとしたら、その考えは正しいといえるでしょう。

インド哲学（広義の仏教思想）に「八識《はっしき》」というものがあります。この中にもありますが、一般にいう「五感」が眼耳鼻舌身《げんにびぜっしん》という「五識」です。「六識」は「意識、理性的な心」といってもよいでしょう。そして、「七識」が「個人レベル」での潜在意識で「末那識《まなしき》」といいます。

そして、八識論の最低レベル（八識）にあるのが「阿頼耶識《あらや》」であり、これはユングの説いた集合的無意識に等しいのです。マーフィーの言う「Sub Conscious Mind」とは、この末那識と阿頼耶識の双方を指しています。

また、阿頼耶識を特に強調するようなときには「大宇宙の力」「大自然の力」というようなニュアンスの「Cosmic Mind Power」というような表現をマーフィーは用いていました。

潜在意識については、あまり深く研究する必要はありませんが、少なくとも「人生は成功したい」「願望を実現したい」という場合、車の運転を考えるとよいでしょう。つまり、運転することが最大の目的であり、車の構造を知らなかったとしても「動かし方」をマスターしたら運転そのものはできるというのと同じです。

興味のある方は、マーフィーも理解を示した「易《えき》」や「直観」「テレパシー」といった、いわゆる超能力的なことも好んで研究したユングの著作にもあたることをお勧めします。ユングは、先述したようなシンクロニシティについても理解のある、異才の学者であったので、ユングの潜在意識について知ることは、マーフィーの理論を理解する上でも、よいのではないかと思います。

MURPHY'S LAW

ニューソート思想

中村天風は、病克服の世界行脚《あんぎゃ》の際に、アメリカに渡っています。当時、先述したニューソートはブームであり、富、成功、繁栄、健康といった世俗的なものを肯定するがために、旧来のキリスト教とは一線を画されていました。

ニューソートでは、先の潜在意識について〝宇宙霊〟という表現もしており、実はこれは中村天風もそのまま用いていました。信念の力を説く天風哲学には、ニューソートの影響も大きいのです。

わたしが20歳の頃、インドのアシュラムに滞在していた際に、導師のシバナンダは、知っている日本人として谷口雅春の名を挙げていました。谷口雅春は、日本におけるニューソートの伝導者の第一人者です。日本人初のヨガ直伝者の中村天風、谷口雅春も、結局ジヨセフ・マーフィー博士へと、「ニューソート思想」というキーワードでしっかりとつながってくるのです。

中村天風についてはすでに他の著作で紹介したことがありますが、今回、マーフィーの教えを紹介できることには何か使命のようなものを感じています。

先の「阿頼耶識」というのは、さらに広く考えてみると、個人の理性ではどうしようもないくらいに巨大な、無限の力といってもよいでしょう。それはたとえば、宇宙を成長させたり、地球を自転させたり、あるいは春に花を咲かせるような原動力ともいえます。

天風哲学でいう〝宇宙霊〟こそが、マーフィーの言う潜在意識そのものです。

マーフィーの説くところと、天風の説くところ、その真理はひとつです。わたしたちは、人類共通の大いなる力のもとにあって、その力は、「人は自分の想った通りになる」というルールのもとに人に共通して作用します。

良い想いは良い現実、悪い否定的な想いは悪い現実をそのまま引き寄せてしまうのです。想いは現実化します。くれぐれも、日々の想いをおろそかにしてはなりません。

MURPHY'S LAW

マーフィーの説いた〝成功〟の3つのステップ

マーフィーの「成功」の定義とは「平和や喜びや幸福を長い間持つこと」です。
それは「物」や「地位」でなくて「心の平安」「心の安定」につながるものです。
つまり、成功の究極は物質面ではなく、心の問題なのです。

そこで、成功の3ステップを、マーフィーの説いたところをもとに、説明していきましょう。

第1ステップ（自分のやりたいことをすること）

好きこそものの上手なれとか、これを知る者はこれを好む者にしかず、というように人は、「好きなこと」を行っているときに輝き、能力を発揮していくことができます。

一般的には、なかなか好きなことと仕事が重ならないから、「仕事を好きになれ」というようなことがいわれます。ただ、「仕事」については、「知識」が増すほどに、好きになる可能性が出てきます。

これをひとつのヒントにしてください。

たとえば、わたしは武道や格闘技が好きなのですが、好きな選手や団体のことはよく知っています。逆に、興味のない人のことは知ろうともしません。仕事でも、好きな分野ならくわしいし、よく知っています。

知人にも30年前から「IT」の分野が好きで、パソコンのごく初期から「好きで」調べたり、試行錯誤したりして、家が建つくらいに投資してきた人がいます。今ではITのプロとして仕事をしているのですが、彼のように好きなことを仕事にできたら理想的です。だから、どんな仕事でも「知識」を増やして、興味が出てくるような方向にしていきたいものです。

マーフィーはこの点について、やはりおもしろいもので「潜在意識の活用」を勧めています。潜在意識が「何をやっていいのかわからない」「好きなことがはっきりしない」という人に対して、答えを与えてくれるというのです。「願望実現」のときと全く同じやり方で、自分の好きなこと、仕事が見つかると「信じ」「祈り」「念じ」「瞑想」していくのです。やがて、その答えは「感覚的なもの」「直観」「フィーリング」「イメージ」「予感」といった形で現われてくるのだといいます。

第2ステップ(スペシャリストになること)

自分に「これだけは他の誰にも負けない」「他の人には替えがたい」プロとしての力を持つことです。

「あなたでなければダメ」というスペシャリストになればなるほど、社会的な名誉も地位も、世俗的な成功も容易に手にできるようになってきます。

万一リストラに遭っても、他が放ってはおかないし、そもそもそれだけの力量があるスペシャリストならば、企業が手放さない人材です。人材であり、「人財」です。企業にとっての宝となるくらいの能力がものをいう時代です。

第3ステップ

（やりたいことは利己的でなく、人類に益するものであること）

つまり、先述したように〝志〟があってこそ、自分のやりたいことは真の〝成功〟に通じてくるというわけです。

しかも、マーフィーはこの第3ステップが一番重要なのだと説いています。マーフィーにかかわる書物では、あまりにも「世俗的」な成功、願望実現を強調したあまり、ここが見落とされてきたのではないでしょうか。

MURPHY'S LAW

願望実現の「伝道師」

「与えれば与えられる」という本来のキリスト教的な思想、信念は、マーフィーの最も言いたかったことのひとつです。願望が叶う即効性のある方法です。

手段も考えなくていい、ということのみが、マーフィーの言いたかったことではないのです。

マーフィーは、ニューソートの思想を説いたのですが、「潜在意識」のパワーを聖書の「マーフィー流解釈」で強調してきました。

ただ、それは、おそらく一般のキリスト教的な解釈よりも、「潜在意識」を強調しすぎる傾向のあるとらえ方ではあります。

しかし、考えてみると、「利他的」な願望、やりたいことを重要視しているという意味において、それはキリスト教本来のあり方に戻っているといえるのではないでしょうか。

だから、ニューソートではあったとしても、やはりマーフィーはある意味で、キリスト教の「伝道師」であり「牧師」なのです。

つまり、マーフィーは、「成功、願望実現の伝道師」であったというのが、わたしの結論なのです。

そして、みなさんには、早く「利己的」な夢は叶えてもらって、さらに「利他的」な、人類に益するというような広い心で、成功を志してほしいのです。心より切望しています。

CHAPTER

5

マーフィー、驚異のエピソード

マーフィーの教えに従って成功した人たち

最後の章では、マーフィー自身が紹介しているものを中心に、実際にマーフィーの教えに従って成功した人たちの実例を挙げてみます。

もともと成功の定義というのは、その人にとっての「価値ある目標」の実現であるといわれています。マーフィー流では、いきなりゴールに来てしまうこともあるので、即効性のあるものだといえるでしょう。

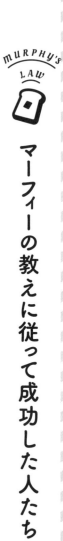

■結婚できた話

マーフィーの潜在意識の講演を聴いた75歳の婦人の話です。

彼女は、潜在意識のパワーを信じて、幸せな結婚ができることを望みました。くり返して、感情を伴なった祈りを行いました。彼女が祈ったのは約2週間です。そして、彼女はある薬剤師と出会い、プロポーズされたのです。

彼女の場合、年齢的なことを考えたなら、かなりの時間、集中して祈ることができたのでしょう。〝集中〟というのも、マーフィー流の成功法ではキーワードになります。

■結核が治った話

マーフィーの親類が、結核に侵されました。

その患者の息子は、「ヨーロッパでは有数の治療効果を発揮する修道士に会った」と病床の父に言いました。もちろん、この話そのものは、息子が父を治そうという一心で創作したものです。

そして、「本物の十字架の一片を手に入れることができた」と言いました。

信仰心の厚い父は、その話を信じました。本当は拾ってきた木の切れ端なのですが、息子は念を入れて指輪を組み入れたのです。

「これに触れただけで、みんな治ったんだよ」

という息子の言葉は、そのまま父の潜在意識へと深く入り込んだのです。

「病は気から」という「気」は、言うまでもなく人の想いであり、それは潜在意識へとインプットされたときに、驚くべき力を発揮してくれるものです。

その偽の十字架の一片を抱いて眠った父は、何と1日で完治してしまったのです。

マーフィーは、イメージと信念の力が合わさって、父が治ったのだと断言しています。

■遠い場所にもパワーは通じる

マーフィーのラジオ番組で心筋梗塞で倒れた母のためにお祈りをしました。

マーフィーはロサンゼルスに、母はニューヨークにおり、物理的に離れています。心を込めて、強い祈りを行ったところ、わずか2〜3日の間に、ニューヨークの母親が回復したのです。

ここからわかるのは、祈りというのは必ずしも自分だけに作用するのではないということです。

この母のように、たとえ遠く離れていたとしても、真剣な強い祈りのパワーは通じるのです。一人ひとりの意識は、深層では大海のようにつながっているからです。

さらに、実の親子の強いきずなは、その祈りの力を増幅させるのです。

■マーフィーの妹、キャサリンの例

マーフィーの妹キャサリンが胆石の手術をすることになりました。

キャサリンはイギリスに、マーフィーはアメリカにいました。しかし、その距離を全く気にせずに、マーフィーは妹のために祈り続けました。

驚くことに、この祈りを2週間続けたら、キャサリンの胆石はあとかたもなく、レントゲンに写ることはなかったといいます。

これには、当のキャサリン自身も不思議に思ったと言います。マーフィーは、自分の理論の正しさを彼自身の実践の中で、証明しています。

■医者になった少年の話

マーフィーが、オーストラリアで一人の少年に出会ったときのことです。話を聞いてみると、少年は医者になりたいと言います。

しかし、勉強するだけの経済的な余裕は少年には全くありません。少年は、病院の窓ふきや修理を行う仕事をしていただけです。しかし、掃除中に病院や医師を見て、「自分も医者になりたい」という思いを強くしたのです。少年がやったのは、今までの例のような〝祈り〟ではなくて、〝イメージ〟の活用です。

しかも、潜在意識に願望がインプットされやすい、「眠りにつく直前」にイメージをくり返したのです。これは、わたしたちも全く同様に活用することのできる方法です。

少年は、自分の名前が書いてある医師免許が壁に貼ってあるシーンをイメージしました。しかも、インプットするための「強調」も行いました。名前が大きく肉太の字で書かれている免状をイメージしたのです。

潜在意識への願望インプットは、モノトーンで、単調なものになりやすいです。そこで、あえて1カ所、この少年の「太字の名前」のように強調ポイントをつけてイメージしてみるとよいでしょう。

やがて、病院の医師が少年を助手にして、さらに学校まで行かせてくれたのです。

結果、カナダで少年は医者となり働くことができたのです。少年の願望が実現したのは、約4カ月後でした。

■信じることの怖さ、マーフィーの親類の例

また、これまでの例とは別に「悪いことを信じてしまうこと」の恐ろしさを教えてくれるエピソードがあります。

マーフィーの親類の一人が、インドで水晶占い師にみてもらったといいます。

この占い師はとても有名で、よくあたるのだという評判でした。当然、彼はそれを信じて占ってもらったところ、最悪の内容でした。

それは「次の新月に、あなたは死ぬ」という宣告でした。100パーセント信じてしま

った彼は、遺言まで用意しました。そして、何と占い通りに本当に死んでしまったといいます。

マーフィーは、彼の「考え」と「感情」がこの死をもたらしたと説いています。

この考えと感情こそが、潜在意識に願望をインプットしていくためには欠かせないものだと知っておきましょう。

■オーディションに受かった女性

歌手志望の女性がいましたが、すでに3回オーディションに落ちていました。

どうやって彼女はこの状態から抜け出すことができたのでしょうか?

一日に3回、自分は落ち着いて、自信を持ってオーディションに取り組めることを「感情と共に」くり返し唱えたのです。

一週間続けた彼女は、自信を持ってオーディションに取り組むことができて受かったのです。ここでのポイントは、「くり返し効果」です。10日に1回だけ強く願うよりも、毎日3回、やや弱い祈りであったとしても、くり返すことでそれはやがて、潜在意識に深くに入り込んでいくのです。

これについては、自分の性格に合わせてみてもよいでしょう。強く念じることのできる人は、回数を減らしたとしても、念じるときには深く強く行うとよいでしょう。あるいは飽きっぽいか、念じる力の強い人もそうです。逆に、あまり念じる力が強くない人は、とにかく回数で勝負してみるのが好ましいでしょう。

マーフィーの著書の中には、このような「日常的な願望実現」の話が数多く登場してきます。日本でも昔から「一理三例」というように、ひとつの理論、理屈を説くには、最低3つの実例、具体例を挙げるといいます。

ひとつ挙げると3分の1、2つ挙げると3分の2が、3つ挙げると全員が納得するというわけです。

その意味では、大小様々な実例によって、マーフィーは自身の理論の正しさを、万人に証明しているのだといえると思います。

マーフィー流本の売り方

マーフィーの著書は30冊以上にのぼり、世界各国で翻訳されています。

『Magic of Faith』がマーフィーの著書の中で一番売れているものです。そんなマーフィーも、まだフランス語版での出版がないときに自ら潜在意識の力を用いて見事にフランス語版を出版することに成功しています。

まず、マーフィーは自分がフランス語版の自著を読んでいる場面をありありと、あたかも現実であるかのようにイメージしました。

さらに、フランス語圏に本が行き渡っているところをイメージして、この作業を2〜3週間ずっと毎晩続けたのです。

やがてマーフィーは自著のフランス語版の出版許諾の手紙をフランスの出版社から受け

取ったのです。マーフィーは、現実とは、すべて「まずはじめに心の中で起こっていること」なのだといっています。

わたしもマーフィーにならって、「出版物を外国で出す」というイメージをくり返したことがあります。たまたま、先のマーフィーの本がフランス語版で出版されたというエピソードを読み直す機会があり、そこで、わたしも自分の本が外国で出版されるというイメージを、毎晩してみました。すると、本当に、全く予想もしていなかった形で韓国の大手出版社から依頼が来て、話し方の本を出すことになりました。

また、潜在意識研究をしている知人は、潜在意識の力を用いてベストセラーを出したことがあります。やり方を聞くと、書店の店頭で多くの人が自分の本を手に取って「すばらしい」といって、買っていくということをイメージしたのだといいます。これはイメージの活用例といえるでしょう。

MURPHY'S LAW

マーフィー家の売り方

フロリダ州のオーランドに、マーフィーの家がありました。彼は、その家を売却しようとしました。そこで、まず「売家」という立て札を家の前に建てました。

そして、いつものように潜在意識に刻印するのに最適な「眠りにつく前」に、マーフィーは「家が売れたらどうなるか？」というのを自問しました。これはわたしたちもそのまま用いることのできる「技術」だといってよいでしょう。リラックスした時間に、「自分の望が叶ったらどうするか？」を自分に問いかけてみましょう。

マーフィーの場合は、「売家」と書いた立て札を引き抜き、ガレージに投げ込むだろうというのが想像できました。すべて想像の中ですが、「現実」なのだという実感と共に、立て札を引き抜いてガレージまで「かついでいく」という「触覚」も加えイメージを潜在意識に刻んだのです。

また、これもマーフィーのイメージの仕方ですが、ふざけながら立て札に向かって「君にはもう用はない」というという「聴覚」も加えてイメージを続けました。おわかりのように、イメージの中で肩にかつぐとか（触覚）、自分の声を聞く（というように、できるだけ多くの感覚を活用すると、とても効果が上がるのです。

そして、いつものように満足感を得てマーフィーは眠りについたのです。すると翌日には、その家には買い手がついたので、マーフィーは前夜の想像と全く同様に立て札を引き抜き、ガレージに持っていったのです。

心に思い描いたことが実現したのです。

ここでのポイントは「家が売れたあとにどうするか」を考えて、そのことをありありと実感できるように、イメージした点です。

「想像力は人生を動かすエネルギーである」（J・マーフィー）

MURPHY'S LAW

「信念」「直観」の力で救われる

マーフィーは「信念」そして「直観」の力によって、自らの命を救った、という体験がありました。マーフィーが10歳の少年時代の話です。

当時のマーフィーが「信念」を持ってその存在を信じていたのは、〝天使〟です。この年頃は、両親の一言一言に子供は敏感に反応するものです。

「天使を信じるのよ。困ったらお祈りしなさい。天使はジョセフを守っていてくれるのよ」こう言われ続けていたマーフィー少年は、天使にいつも守られていることを疑いませんでした。

そんな少年時代のある日、マーフィーと友人グループは、ジャングルに冒険旅行に出かけました。この年頃は、怖いもの、危険なことに向かっていくことがあります。

また、仲間から勇敢だと思われたいという欲求も強いです。ところが、ジャングルへと向かった少年グループは、裏道に迷い込み、ついには本道を見失ってしまったのです。

「天使さま、助けてください。わたしたちがジャングルから抜け出せるようにお導きください」

手のひらを合わせ、ただ一心に、マーフィー少年は祈り始めました。他の少年もパニック状態にありましたが、マーフィーの祈りに見入っていました。

1分、3分……、5分……。マーフィー少年の祈りは続き、やがて10分にもなろうかというときでした。見守っていた少年たちにとっては、何時間も経ったかのような長い祈りの時間でした。

突然マーフィー少年は叫びました。

「あっちだ！」

それは、あたかも何かが乗り移ったようでもあり、しかしそこには確信にも似た信念がありました。

数人の少年はマーフィーに従いました。そして残りの何人かは「そんなことわかるものか」とバカにして、別の道を歩んだのです。

レスキュー隊が捜索を始めて、少年たちを発見したのは2日後のことであったといいます。しかし、発見されたのはマーフィーと行動を共にした少年たちだけでした。別行動の少年たちはついには見つからなかったといいます。

ここでわかるのは、

祈り　↓　信念・信仰　↓　直観

という流れです。

マーフィー少年たちを救ったのは、「あっちだ！」というマーフィーの直観力でした。これは、理屈で考えたわけではありません。

ジャングルの出来事より1年ほど前に、近くに住む農夫の息子が行方不明になったことがありました。このとき、農夫は「神」に息子がどこに居るのかを示してくれるように祈りました。すると、夢の中で、岩の近くで眠っている姿を、あたかも現実であるかのように見たのです。

そして、農夫が岩の近くに急行してみると、そこには夢の通りに息子がいるのを見つけ出したのです。

「神」「祈り」がキーワードとなるのですが、ここでもうひとつ、おもしろいことがありました。

それは、農夫が祈っていただけでなく、行方不明になっていた息子も祈っていたということです。息子もまた、「神」に「祈り」をささげていたのです。農夫と息子と同様に、マーフィー少年の場合は「天使」「祈り」が救いを生んだということです。

マーフィーの「天使」と農夫と息子の「神」は、実は質的には同様のものです。これは信仰の対象であって、各宗教ごとに対象の呼び方は異なっていても、祈り、信仰、信念の中身は同じなのです。

基本的には、何を信じるのかは大きな違いはなく、「信じる力」がポイントになってきます。この頃のマーフィーの原体験が「マーフィー理論」「潜在意識の活用」「祈りの力」「信念の力」のもとになったのです。

臨死体験

臨死体験中は、通常では考えられない、次の4つのことを実際に体験するといいます。

①浮遊《ふゆう》
②一瞬でどこへでも行ける
③光を見る
④愛の感覚に包まれる

アメリカ人青年がアジアで亡くなったとします。「ワシントンの親類のことを思うと、ほんの一瞬で何千マイルも移動することもできる」という意味のことをキューブラー＝ロスは述べています。

また、京都大学教授のカール・ベッカーは、臨死体験中には「死者と会う」ことがよくあるのだと説いています。

マーフィーは、自身の臨死体験中に、医者がマーフィーに触れたり、「もう死んでいるな」と言っている場面を上から見おろしていることに気づきました。これは①の浮遊であり、幽体離脱というような表現をされることもあります。

現実には眼はないのに「上から」自分を見るという体験例は数多く報告されています。そして、マーフィーも妹のいたイギリス、そして、マーフィーがある国や土地のことを思うだけで瞬間的に移動することができました。さらに、先のカール・ベッカーが説いているように「死者と会う」ことも、マーフィーは行っていました。はるか昔に亡くなった親類縁者たちと〝死者との会話〟を行っていたのです。

マーフィーには特にありませんでしたが、「光」を見るというのも臨死体験者には共通しています。加えて愛の至福の感覚に包まれるのだといいます。それがそのまま味わい続けていると昇天することになるようです。

マーフィーの場合も、臨死体験中の世界のすばらしさに「生身の肉体に戻りたくはない、このままここにい続けたい」と考えたくらいであったといいます。

しかし、不本意ながらマーフィーは「生き還った」ということです。

意識が3日ぶりに戻りました。


この臨死体験から、マーフィーには死の恐怖がなくなり、自信を持って力強く生きる人間へと変身しました。

「死」の本当の恐怖とは、それを「知らない」がためなのです。

体験したことがないために、必要以上に怖がってしまうのです。


しかし、臨死の体験で、「死とは恐れるものではない」とわかったなら、そこには全く別の人生が拓けてくるのです。

あとがき

わたしは、このたび本書を執筆するにあたって、改めてマーフィーの著作を読み返してみましたが、やはり（というか、当然なのだが、）マーフィーの教えというのは、すばらしいということを再認識させられました。

特に、マーフィー理論の解読に成功してから、その教えをかみ締めてみると、その深さに、魂から感動を覚えてしまいます。本書は、その深さを、実践にまで落とし込んで解説できたのではないかと自負しています。

「マーフィーの本を読んだけど、どうやって実行に移していいのかよくわからない」という方がけっこういらっしゃるのではないかと思いますが、そういった方に向けて本書を書きました。

また、この本で初めてマーフィーの教えに出会われた方もいらっしゃると思いますが、この、あらゆるところで状況が激しく変化している現代の日本に生きるみなさんに何かヒントを与えることができたのなら、幸いです。

本文で述べましたが、マーフィーの教えのひとつとして、「他人の喜びを我が喜びにする」というのがあります。潜在意識の世界では、他人の喜びも、自分の喜びも、「喜び」ということには違いありません。

であるなら、本書を世に送り出すことによって、多くの方々に喜んでいただけたら、それがわたしの喜びにもなるのです。

本書をお読みいただき、マーフィー理論を実践されることを切に希望します。
また、本書を執筆するにあたっては、マーフィー本人の著作はもちろん、その研究に取り組まれている各氏の著書も参考にさせていただきました。個別の名は挙げませんが、感謝申し上げたいと思います。
また、本書を出版するにあたり、総合法令出版株式会社のみなさんにはお世話になりました。

最後になりますが、読者のみなさんにもお礼を申し上げます。数多くある書籍の中から、本書を手に取っていただきありがとうございました。

それでは、また読者のみさきさんにどこかでお会いできるのを期待しております。

松本幸夫

[著者] **松本幸夫**（まつもと・ゆきお）

1958年、東京都生まれ。人材育成コンサルタント。作家。能力開発、メンタルヘルス、目標管理や時間管理、スピーチ・プレゼン・交渉などの「コミュニケーション術」を主なテーマに研修・講演活動を行っている。指導する業界は、マスコミ、流通、通信、製薬、保険、金融、食品など多岐にわたる。多数の著書があり、コミュニケーション術のほか「人物論」にも定評がある。著書は『いまこそ中村天風に学ぶ』（ベストセラーズ）、『上司が何を言っているのかわからない！というあなたへ』（海竜社）、『できるリーダーの伝え方＆語彙力』（三笠書房）、『運命を拓く×心を磨く中村天風』（総合法令出版）など多数。累計220万部を超える。
※本書は『通勤大学人物講座3マーフィーの教え』を加筆修正したものです

だから思考は現実化する

2024年2月20日　初版発行

著　者　松本幸夫
発行者　野村直克
発行所　総合法令出版株式会社
〒103-0001 東京都中央区日本橋小伝馬町15-18
EDGE小伝馬町ビル9階
電話　03-5623-5121
印刷・製本　中央精版印刷株式会社

落丁・乱丁本はお取替えいたします。

ISBN 978-4-86280-935-3
総合法令出版ホームページ　http://www.horei.com/

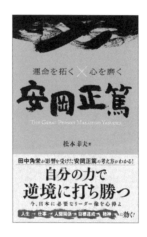

総合法令出版の好評既刊

99%が知らない「行動」を科学する

「なまけもの」のやる気スイッチ

内藤誼人　[著]

四六判　並製　　　　　　定価（1500円+税）

この１冊で後回しがなくなる!

「なんだかいつもダラダラしてしまう……」

このような自覚症状があるのなら、ぜひ本書をお読みください。

本書で取り上げるものは誰でもすぐに実践できます。しかも、そのアドバイスは専門雑誌で発表されているような科学的な論文に基づくもので、その効果は実証されています。どなたでも安心して試していただくことができるでしょう。

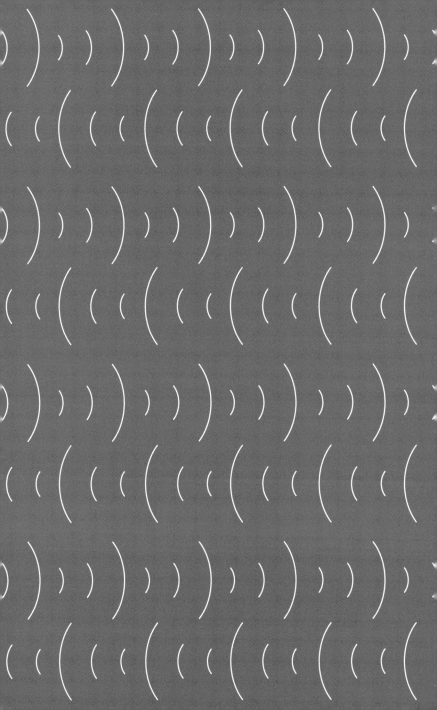

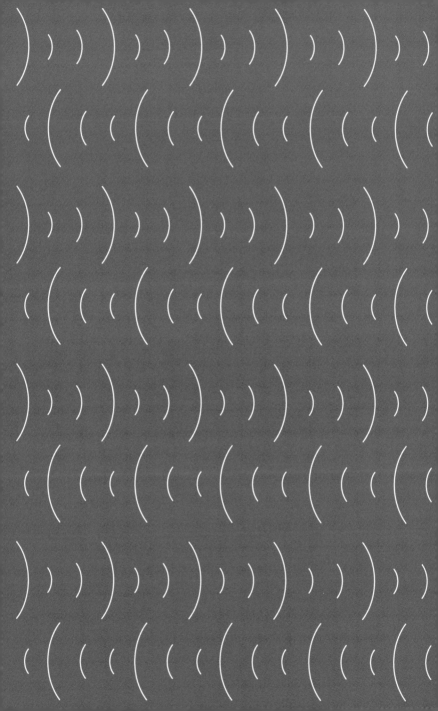